Na Ubook você tem acesso a este e outros milhares de títulos para ler e ouvir. Ilimitados!

Audiobooks Podcasts Músicas Ebooks Notícias Revistas Séries & Docs

Junto com este livro, você ganhou **30 dias grátis** para experimentar a maior plataforma de audiotainment da América Latina.

Use o QR Code

OU

1. Acesse **ubook.com** e clique em Planos no menu superior.
2. Insira o código **GOUBOOK** no campo Voucher Promocional.
3. Conclua sua assinatura.

ubookapp

ubookapp

ubookapp

Paixão por contar histórias

Laurie Hollman

Homem
NARCISISTA

Talvez você conheça ou viva com um

TRADUÇÃO
UBK Publishing House

Copyright © 2020, Laurie Hollman, PhD
Copyright da tradução © 2021, Ubook Editora S.A.

Publicado mediante acordo com DropCap Rights Agency. Edição traduzida do livro *Are you living with a narcissist?*, publicada por Familius LLC (1254 Commerce Way, Sanger, CA 93657).

Todos os direitos reservados. Nenhuma parte deste livro pode ser utilizada ou reproduzida sob quaisquer meios existentes sem autorização por escrito dos editores.

COORDENAÇÃO	Alessandra Brito
EDIÇÃO	Viviane Rodrigues
COPIDESQUE	Christian Daniel
REVISÃO	Thamiris Leiroza e Mariana Paixão
CAPA	Bruno Santos
DIAGRAMAÇÃO	Studio Oorka
IMEGEM DE CAPA	Gustavo MS_Photographyq/Shutterstock.com

Dados Internacionais de Catalogação na Publicação (CIP)
(Câmara Brasileira do Livro, SP, Brasil)

Hollman, Laurie
    Homem narcisista : talvez você conheça ou viva com um / Laurie Hollman ; tradução UBK Publishing House. -- Rio de Janeiro : Ubook Editora, 2021.

    Título original: Are you living with a narcissist?
    ISBN 978-65-5875-106-9

    1. Narcisismo 2. Transtorno de personalidade - Tratamento I. Título.

21-56241   CDD-155.2

Ubook Editora S.A
Av. das Américas, 500, Bloco 12, Salas 303/304,
Barra da Tijuca, Rio de Janeiro/RJ.
Cep.: 22.640-100
Tel.: (21) 3570-8150

PARA JEFF, POR SUA AMOROSA COMPAIXÃO E
EMPATIA COMO MARIDO E PAI.

Ao atingir sua masculinidade, Narciso incita o amor apaixonado de muitas, embora seu orgulho invencível recuse o acesso a todas. A ninfa dos bosques Eco está especialmente fascinada por seus encantos e se aproxima dele com abraços selvagens para ser desprezada e cruelmente rejeitada. Ela se desvanece de tristeza, finalmente reduzida a uma mera voz dos bosques.

A pedido das pretendentes rejeitadas por Narciso, a deusa Nêmesis planeja uma punição para o rapaz: que ele, também, se tornará incapaz de obter o que ele ama. Então, quando um dia Narciso bebe de uma fonte, ele conscientemente se apaixona pelo seu próprio reflexo e tenta agarrá-lo várias vezes. Ele percebe, após uma considerável lamentação, que fora enganado por sua própria imagem, e em completo desespero se mata... Eco se compadece disso e com sua voz vestigial reintona... o choro de Narciso. Quando as ninfas tentam recuperar o corpo dele, elas veem que ele desapareceu e em seu lugar surgiu uma flor branca e amarela.

— *Narcissus and the Lover: Mythic Recovery and Reinvention in Scèves Délie*, Deborah Lesko Baker.

Sumário

Introdução 9
1. Principais características do homem de sucesso narcisista 13
2. O espectro: do narcisismo saudável ao patológico 25
3. Como não criar um narcisista 35
4. A evolução de um jovem com traços narcisistas 49
5. A incompatibilidade romântica narcisista 73
6. Como um casal supera o narcisismo 85
7. O desejo e o medo de explorar os outros — o uso da empatia com um homem narcisista 101
8. Dale e o pai narcisista 109
9. Mulheres e seus maridos narcisistas 125
10. O narcisista pode mudar? 137
11. Como o narcisismo e o amor normal são diferentes? 149
12. A cultura afeta o narcisismo? 157

Referências 171
Agradecimentos 179

INTRODUÇÃO

A maioria das pessoas com transtorno de personalidade narcisista são homens e, em meus trinta anos de experiência como psicanalista e psicoterapeuta, descobri que, desses homens, muitos são altamente ambiciosos e bem-sucedidos. Eu optei por focar nesse subgrupo — distinguindo este livro de muitos outros, mais gerais, volumes abrangentes, que se concentram na ampla gama de narcisistas. Neste livro, vou explorar como homens com traços narcisistas criam relações familiares tóxicas. O livro é voltado tanto para o público em geral quanto para os profissionais da saúde mental.

Para entender os aspectos prejudiciais do transtorno de personalidade narcisista, é necessário ver toda a gama de comportamentos e características narcisistas, incluindo o narcisismo saudável. O narcisismo é uma linha de desenvolvimento que cobre um espectro que vai do normal ao patológico. O amor-próprio é de suma importância à medida que o homem se desenvolve — até que seja superestimado com a autoinflação defensiva que interfere nos relacionamentos saudáveis. O que os pais fazem que resulta nesse sentido inflado de si? Como os pais podem criar seus filhos para não se tornarem narcisistas? Como as parceiras de homens narcisistas podem ter vidas saudáveis e felizes? As respostas a essas questões serão exploradas e esclarecidas.

Como clínica, espero iluminar meus leitores leigos e profissionais a partir de uma perspectiva compassiva e objetiva. Ao longo do seu ciclo de vida, é benéfico reconhecer sinais de narcisismo, pois ele pode usar muitos disfarces, dificultando uma intimidade saudável.

Em minha experiência, conheci narcisistas jovens e maleáveis (no final da adolescência e início dos vinte anos) que felizmente buscaram tratamento por conta própria devido às suas tendências à depressão, à ansiedade, à autoaversão e ao senso de merecimento. Jovens com tendências narcisistas são mais abertos a explorar seus traços do que homens mais velhos com traços semelhantes. Muitas vezes, os narcisistas mais velhos têm cerca de quarenta anos de experiência vestindo uma falsa personalidade de excepcionalidade excessiva, a qual é — pelo menos em parte — legitimamente conquistada por meio de sucessos em seus campos de atuação. Seus sucessos reais no trabalho atraem a admiração dos outros em sua presença, levando a sentimentos de traição quando a duplicidade é descoberta. Os pais precisam entender a transição nos homens — do narcisismo normal ao patológico — no início do desenvolvimento da criança.

Os narcisistas mais velhos que tive em tratamento vieram até mim porque aqueles que eles magoaram exigiram isso; seus cônjuges foram feridos, e os homens narcisistas temem perder tudo o que conquistaram em suas conexões interpessoais familiares. Em minha experiência, os narcisistas mais velhos são mais intratáveis à mudança, mas não são imunes a desejar uma vida familiar emocional mais satisfatória.

Vou explorar as primeiras raízes do narcisismo patológico nos primeiros três anos de vida dos homens, quando eles são crianças pequenas. Esse período crucial pressagia a maneira como um homem se relacionará com as mulheres quando se tornar mais velho. Por exemplo, uma criança de um ou dois anos de idade que não tenha se separado emocionalmente da mãe o suficiente — devido a diversas circunstâncias dentro da psique da mãe e do bebê — pode crescer e apresentar sérios problemas narcisistas. Bebês fixam-se a momentos normais em que se sentem onipotentes e grandiosos, o que é normal em um estágio inicial de desenvolvimento. No entanto, se esse ponto de desenvolvimento for prejudicado e esses momentos tiverem um impacto exagerado sobre o par mãe-filho, pode haver implicações significativas anos mais tarde. Isso será discutido e explicado posteriormente, seguido por várias ilustrações dos problemas dos homens narcisistas.

Para preservar a confidencialidade e a privacidade de meus pacientes, nomes, cargos, detalhes de identificação e fatos sem importância sobre suas vidas foram alterados, mas a dinâmica continua a mesma. Esses homens e suas famílias que estiveram em terapia comigo são descritos como compósitos, não revelando suas identidades reais.

CAPÍTULO UM

Principais características do homem de sucesso narcisista

A palavra *narcisismo* vem de um mito grego sobre Narciso, um homem que vê seu próprio reflexo em um lago e se apaixona. Um paciente me disse: "Estou falando de MIM, MIM, MIM, e de ninguém mais". Esse amor-próprio, especificamente em homens narcisistas, é redirecionado em seu sentido exagerado de importância e atratividade — não necessariamente física, mas social, acadêmica, profissional e pessoal. Eles não entendem por que os outros nem sempre os veem de forma tão importante ou favorável tal como eles se veem. Isso os confunde e perturba profundamente porque essa visão é muito essencial para sua autoimagem.

Em minha experiência com homens narcisistas, em trinta anos como psicanalista e psicoterapeuta, percebi que eles têm várias características em comum. São extremamente bem-sucedidos em suas vidas profissionais, o que os torna atraentes para os outros, e têm grande consideração por si mesmos — e sentem que merecem elogios. Os homens narcisistas, os quais estudei, geralmente são bastante ricos e têm alto poder aquisitivo. Apesar desse sucesso externo, eles vêm para a terapia porque estão profundamente deprimidos ou porque suas esposas ameaçaram deixá-los se não a fizessem. Eles também têm relações voláteis com seus filhos, muitas vezes invejando as relações positivas que suas esposas têm com eles.

Cada homem com esse transtorno não tem todas as características narcisistas individualmente, mas, como um grupo, os narcisistas possuem todos os traços a seguir. Eles têm um senso pessoal de sua importância e singularidade — a um extremo. De acordo com o *Manual Diagnóstico e Estatístico de Transtornos Mentais*, 5ª edição, cinquenta a setenta porcento daqueles que se enquadram nos critérios para um transtorno de personalidade narcisista são homens (p. 671).

Aqui estão 16 características que os narcisistas geralmente têm em comum:

1. Eles falam quase exclusivamente de si mesmos.

Aqueles que sofrem com transtornos de personalidade narcisista (TPN) tendem a pensar e a falar de si mesmos a maior parte do tempo. Eles são muito conscientes de sua aparência física, riqueza, talentos ou realizações (as quais existem muitas) e esperam prender sua atenção a esses atributos enquanto falam. No entanto, seus comentários tendem a ser exagerados — ou, pelo menos, superenfatizados — e não são necessariamente reflexões precisas de suas vidas. Mesmo quando se baseiam na realidade, as palavras e as histórias são repetidas infinitamente forçando aqueles que estão próximos a ouvi-las mais uma vez a cada vez que alguém novo chega. É penoso ouvir histórias repetidas de um narcisista, mas ele provavelmente acredita que está encantando a todos em sua presença. Por terem pouca consideração por aqueles que os rodeiam, os narcisistas nunca suspeitariam que os outros estão apenas ouvindo por serem educados. Eles raramente, se é que alguma vez, perguntam aos outros seus pensamentos ou sentimentos. Isso é porque eles estão centrados em si mesmos e carecem de empatia, seu calcanhar de Aquiles. Eles são, portanto, incapazes de reconhecer ou entender as necessidades e os sentimentos dos outros, pois não se veem como não empáticos. Especialmente em suas vidas profissionais, eles parecem ter empatia, mas se você os conhece pessoalmente, eles desconsideram os sentimentos e as crenças das outras pessoas.

2. Eles têm fantasias de grandeza.

As mentes das pessoas com TPN tendem a estar cheias de fantasias elaboradas de sucesso, poder, brilhantismo, beleza ou de um par perfeito. Por conta dessas imaginações, eles sentem que devem ter o melhor de tudo, incluindo casas, carros, roupas, ou outras coisas que afirmam seu status, como seu nível de cuidado médico e onde estudaram. Infelizmente, esses desejos, ou fantasias, são uma forma de os narcisistas se defenderem do vazio interior e da vergonha e, em vez disso, sentirem-se especiais e no controle, evitando sentimentos de defeituosidade e insignificância.

Jovens narcisistas em crescimento são mais abertos a explicar e a explorar o vazio que eles esperam preencher com a admiração dos outros. Nos homens mais velhos, essa exploração é negada no primeiro dia porque os homens narcisistas raramente estão fundados na realidade. Portanto, eles experimentam imensa frustração e raiva quando suas visões não são alcançadas.

Homens com TPN às vezes têm um grandioso senso de autoimportância, levando-os a se sentirem superiores aos outros ou que devem estar sempre acompanhados da grandeza. Eles acreditam que apenas pessoas especiais como eles podem realmente entendê-los, e são por essas pessoas que eles desejam estar cercados. Para manter o sentimento de superioridade, eles recorrerão a desacreditar os outros, concentrando-se nas falhas deles — sejam reais ou imaginárias. Para os narcisistas, essa é uma maneira efetiva de se esconder (e projetar) suas próprias deficiências, preservando, assim, a sua autoimagem. Se aqueles com quem estão falando ou sobre os quais eles falam tendem a questionar a realidade da palavra do narcisista, suas crenças — não as do narcisista — são minimizadas, ou pelo menos questionadas, porque o narcisista é muito convincente.

3. Eles exigem elogios constantes.

Apesar de quão externamente confiantes os narcisistas podem se retratar, eles são bastante vulneráveis e inseguros, com uma autoestima frágil. Para se sustentarem continuamente, eles esperam — e assim exigem — atenção constante, elogios e admiração. Eles também esperam ser reconhecidos como superiores mesmo sem realizações que justifiquem isso. Devido à sua fragilidade, quando se trata do senso de si, os narcisistas são altamente reativos às críticas as quais sentem que não merecem. Qualquer comentário que faça brotar suas mais profundas inseguranças ou falhas pode ocasionar uma explosão de *raiva narcisista*, fazendo com que a pessoa minta ou desvie a conversa em uma direção totalmente diferente.

4. Eles experimentam uma sensação de merecimento.

As pessoas com TPN tendem a acreditar que os outros lhes devem favores especiais e atenderão a seus pedidos imediatamente, sem hesitar. Se tal tratamento não lhes for dado, eles podem ficar impacientes ou zangados ou oferecer aos outros um tratamento passivo-agressivo de silêncio, pois eles acreditam que os outros existem principalmente para servir suas necessidades e não têm consideração pelos desejos e pelas vontades alheios. Esse comportamento é semelhante ao de uma criança egocêntrica que nunca aprendeu que ela não é o centro do mundo e se enfurece quando os outros não atendem às suas exigências imediatas.

Assim como essas crianças, os narcisistas são extremamente exigentes, têm birras temperamentais e precisam de uma atenção insaciável.

5. Eles tiram proveito dos outros.

Muitas pessoas são naturalmente atraídas por narcisistas — achando-os atraentes, carismáticos e excitantes — e querem fazer parte da vida deles, o que o narcisista espera que aconteça. Assim, a maioria das pessoas com TPN não tem nenhum problema em conseguir que as pessoas façam o que querem. Eles ficam facilmente entediados e buscam entretenimento constante, quer seus parceiros queiram participar ou não. O parceiro tende a ceder e ir aonde o narcisista quer para se divertir; caso contrário, o narcisista passivo-agressivo cisma e faz cara feia por não conseguir as coisas à sua maneira. Mas, nos casos em que as necessidades do narcisista não forem atendidas, ele não terá nenhum problema em aproveitar-se dos outros — com pouco ou nenhum respeito pelos sentimentos ou interesses dessas pessoas. Como resultado, os narcisistas com frequência têm "amizades" e casos românticos turbulentos, que, sejam de curta duração ou de longo prazo, sempre são suspeitos. Se eles têm relacionamentos de longo prazo, são facilmente desleais a seus cônjuges e amigos, mentindo e enganando com pouco ou nenhum remorso, se não forem pegos.

6. Eles têm inveja dos outros.

Sentir inveja é outro sintoma comum do TPN. Por causa de sua baixa autoestima e da necessidade de ser superior aos outros, os narcisistas veem pessoas que têm coisas que eles não têm — tais como bens tangíveis, status ou admiração — como ameaças. Eles não entendem por que não têm tudo que querem quando querem e buscam vingar-se daqueles que parecem estar em seu caminho de obter satisfações que eles acham que merecem. Os narcisistas também podem acreditar que outros têm inveja deles. E embora este seja exatamente o tipo de atenção que o narcisista quer, quando ele acusa pessoas de tais sentimentos, às vezes, põe um fim ao relacionamento ou confunde a outra pessoa, que é confiável e inocente das características acusadas.

7. Eles gostam de ser o centro das atenções.

Uma vez que os narcisistas precisam de elogios constantes dos outros para alimentar sua baixa autoestima, e porque ironicamente sentem-se superiores aos outros ao mesmo tempo, eles anseiam por atenção e a buscarão de forma bastante efetiva. Os narcisistas dominam as conversas. Eles se sentem compelidos a falar e exagerar sobre seus conhecimentos e realizações.

Há diferentes características dos narcisistas que se destacam, como o narcisista grandioso, de pele grossa, e o vulnerável, de pele fina. O narcisista grandioso anseia por atenção e com frequência a recebe sendo falante, arrogante, egocêntrico e com um senso de merecimento. O tipo vulnerável vive com medo de não ser admirado e aceito por aqueles com o prestígio e o status que ele sente que merece ter.

8. Eles têm pouca empatia.

Como observado anteriormente, os narcisistas não têm empatia. Eles são incapazes de sentir empatia ou de entender que outros podem ter suas próprias dificuldades. Se eles reconhecem as dificuldades dos outros, não entendem por que essas pessoas não mudam de acordo com as necessidades do narcisista. Eles parecem ter uma incapacidade de reconhecer as necessidades e os sentimentos de outras pessoas. Eles não entendem por que os outros nem sempre se veem do ponto de vista do narcisista. Algumas vezes, uma pessoa com TPN pode parecer totalmente razoável — até dizer algo provocante e insensível.

9. Eles têm ambições sem limites.

Ter objetivos ou ambições na vida é uma coisa boa, mas os narcisistas fazem de seus sonhos o centro de seu mundo e esperam que os outros queiram o que eles querem para si mesmos. Por sentirem-se superiores aos outros e quererem acreditar que os outros os consideram naturalmente especiais, eles muitas vezes estabelecem para si mesmos infinitas ambições. Os narcisistas fantasiam sobre não apenas *fazer* o seu melhor, mas *ser* o melhor, e quando eles ficam aquém das expectativas, sentem-se enfurecidos ou profundamente desapontados ao ponto de terem pensamentos negativos e depressivos sobre si mesmos. Isso os faz terem foco em como não são tão poderosos, bonitos ou ricos quanto eles pensam que deveriam ou mereciam ser. Esse senso de merecimento e superioridade é o motivo pelo qual eles tendem a se associar com pessoas "de alto status" e ficarem obcecados com símbolos de status (desde os sapatos até os carros certos) — chegando a rebaixar qualquer um que eles não percebam como parte do mesmo grupo exclusivo. Isso pode ser bem literal, já que eles tentam se unir e serem aceitos em clubes de prestígio. Quando ficam aquém das expectativas, sentem-se devastados e zangados e levam muito tempo para superar seu dilema.

10. Eles são incrivelmente inseguros.

Isso pode parecer contraintuitivo, porque quando você se encontra com narcisistas, eles parecem charmosos, seguros e confiantes. No entanto, as pessoas que sofrem de narcisismo, em geral, são incrivelmente inseguras, e é por isso que elas sentem a necessidade de colocar os outros para baixo. Com frequência falam que outras pessoas são mentirosas (amigos desleais ou colegas de trabalho) quando eles compartilham as mesmas características que estão inconscientemente negando.

Como existem tanto os tipos grandiosos quanto os vulneráveis, os primeiros são mais francos, enquanto os outros são mais introvertidos. A insegurança de narcisistas vulneráveis com frequência parece derivar do fato de que internamente eles questionam se de fato são especiais e únicos; portanto, é mais provável que procurem e confiem muito no reconhecimento positivo dos outros. Eles regularmente traçam estratégias sobre como obter a atenção de quem eles acham que são superiores e reclamam em excesso sobre estar no meio da "multidão". O networking faz parte de sua vida cotidiana, e eles estão sempre buscando afirmar a grandeza que acham que têm.

11. Eles são notavelmente charmosos.

Após a primeira impressão, os narcisistas parecem charmosos e confiantes. Entretanto, à medida que a relação se desenvolve, eles podem difamar outros e ficam agressivos se não forem mais percebidos dessa forma. Eles podem criar boatos por impulso, sem levar em conta a eventual consequência de outros que rejeitam esse tipo de comportamento. Eles anseiam por posições de poder e liderança e "ligarão o charme" para manipular outros com objetivo de dar-lhes o que eles querem. Enquanto as pessoas estão inicialmente atraídas pela confiança e charme dos narcisistas, muitos deles suspeitam e ludibriam por atenção. Embora a confiança seja charmosa — e aqueles que são líderes de sucesso são mais assertivos e exigentes —, quando os narcisistas não têm tantos seguidores quanto eles esperam, eles ficam incrédulos e enfurecidos. Eles acham que, com todo o seu networking estratégico, eles deviam ser extremamente populares e ficam bastante deprimidos quando isso não ocorre.

12. Eles são extremamente competitivos.

Na visão de mundo de um narcisista, só há vencedores e perdedores; narcisistas se esforçarão para fazer parte do primeiro grupo sem se dar conta de como suas manipulações podem colocar as pessoas para baixo. Eles precisam fazer deles mesmos superiores a todos. Sua incessante necessidade de vencer contribui para a sua incapacidade de abraçar o sucesso de outra pessoa. Eles inadvertidamente podem se colocar em situações de vulnerabilidade em que não se sentem superiores a seus oponentes. Essa é a questão. Os outros são oponentes, e não apenas pessoas que têm objetivos e ambições semelhantes. Para eles, é tudo ganhar ou perder, levando à depressão se a última opção prevalecer.

13. Eles possuem ressentimentos de longa duração.

Por fora, os narcisistas parecem ser extremamente contundentes e que não se importam com o que os outros pensam, mas são muito sensíveis e se preocupam muito em manter uma imagem idealizada de quem eles acham que deveriam ser. Como resultado, eles cultivam um sentimento de vingança para aqueles que os insultam, desaprovam-nos ou não lhes dão o que eles querem. Eles acabam mantendo ressentimentos desagradáveis porque recebem críticas — ou não as recebem porque não pediram — como um ataque pessoal ou uma ofensa. Quando se sentem desprezados ou abandonados, eles não superam esses sentimentos. Eles se sentem perseguidos e tratados de forma injusta e se agarram a esses sentimentos por um longo tempo (anos), desesperadamente rebaixando aqueles em seu caminho. Eles podem alegar que querem dialogar com aqueles que os fizeram se sentir assim, mas, no final, não podem manter uma conversa real, porque eles não consideram os pontos de vista dos outros como possibilidades. Se uma pessoa entende o ponto de vista de um narcisista, mas ainda não toma medidas para satisfazer seus desejos, ele sente-se desrespeitado e procura castigá-la.

14. Eles acham as críticas intoleráveis.

A maioria de nós já passou por um ou dois momentos em que se sentiu frustrado sobre coisas que não estão a nosso favor, ou tivemos dificuldades em receber críticas de outros. É natural e humano. Mas quando isso acontece com narcisistas, sua incapacidade de lidar com falhas vai mais fundo. Eles têm dificuldade em aceitar quando as coisas não funcionam do jeito deles, e dificilmente admitirão que têm falhas quando estiverem errados, o que faz com que seja muito difícil para eles aceitar qualquer tipo de crítica, mesmo que seja construtiva. Eles rotulam o crítico como a pessoa que fez deles um perdedor, pensando que eles nunca mereceram isso. Eles não podem suportar o insulto e precisam de muito tempo para se recuperar e voltar para a briga. Podem reagir às críticas com surtos impiedosos de descrédito aos outros, gritando, chorando e ofendendo outros que lhes são próximos e se preocupam com eles.

15. Eles estão constantemente em movimento para não se sentirem entediados.

Os narcisistas forçam outros a ir a concertos, peças, jantares caros e festas de prestígio porque não podem ficar ociosos. Estar ocioso é sentir a tensão interna de talvez não ser tão superior quanto eles acreditam. Os outros podem não sentir essa pressão constante por "fazer algo", mas o narcisista não pode relaxar sozinho ou desfrutar de sua própria companhia, exceto como uma pausa de seus conflitos interiores. Eles podem tender a viajar muito e a sentir que merecem as melhores acomodações em aviões e hotéis. Frequentemente abastados, eles podem obter essas necessidades de viagem, insistindo em sentar-se na classe executiva.

16. Eles precisam de controle total.

O narcisista quer controlar os outros, então eles lideram em vez de seguir. Eles farão todos os preparativos da viagem e agendarão todos os compromissos, não se importando se isso incomoda os outros porque não estão cientes de seu senso de liderança merecida a qualquer custo para as necessidades dos outros. Eles subjugam as outras pessoas nesses esforços sem pensar nos sentimentos delas ou em qualquer plano alternativo aos seus. Eles mandam mensagens de texto e ligam de forma persistente para garantir que seus objetivos venham em primeiro lugar e estejam acima de tudo na mente de todos. Os narcisistas esperam que todos parem o que estão fazendo para responder a essas chamadas constantes e acham que apenas a agenda *deles* importa. Eles mantêm-se muito ocupados para se livrar do tédio e da sensação de vazio. Eles podem fazer coisas muito gentis para os outros, especialmente em seus empregos. No entanto, não é por se importarem bastante com os outros, mas para serem *percebidos* dessa forma. Eles reúnem pessoas que os adoram excessivamente dessa maneira. Estão sempre em alerta para serem reconhecidos. Por se verem como maiores que a vida, para eles só faz sentido quando controlam os planos dos outros; eles são o centro e exigem e esperam que os outros os vejam dessa forma. Os narcisistas são a pessoa mais importante na família, o CEO e o COO aonde quer que eles vão.

Em seus aniversários, ou em outros dias que ressaltem sua importância como pais ou maridos, eles esperam grandes encontros que os enalteçam. Então, controlam esses eventos para estarem no centro de todos os seus convidados. Eles encaram com fúria aqueles que não cedem ao seu controle ou que não satisfazem todas as suas necessidades — como uma criança em uma loja de brinquedos com pais de riqueza infinita. Os narcisistas assumem que eles são a estrela, e terão prazer em sair por cima de qualquer grupo — mesmo que reunido à sua escolha — ou dar o tratamento silencioso se sentirem-se desapontados. Ironicamente, os convidados muitas vezes aceitam isso e sentem que não devem decepcionar a estrela autoproclamada; eles podem até mesmo culpar-se e repreender-se impiedosa e urgentemente se as coisas não ocorrerem de acordo com os planos do narcisista de ser o centro das atenções. Ele, o narcisista, é o capitão do navio; os convidados são apenas os passageiros que confirmam sua grandeza. O narcisista manipula com presentes e conversas apenas para voltar a si mesmo como o centro.

Manual Diagnóstico e Estatístico de Transtornos Mentais, 5ª Edição, Critérios Diagnósticos do Transtorno de Personalidade Narcisista

"Um padrão difuso de grandiosidade (em fantasia ou comportamento), necessidade de admiração e falta de empatia que surge no início da vida adulta e está presente em vários contextos, conforme indicado por cinco (ou mais) dos seguintes:

1. Tem uma sensação grandiosa da própria importância (por exemplo, exagera conquistas e talentos, espera ser reconhecido como superior sem que tenha as conquistas correspondentes).
2. É preocupado com fantasias de sucesso ilimitado, poder, brilho, beleza ou amor ideal.
3. Acredita ser "especial" e único e que pode ser compreendido somente por, ou associado a, outras pessoas (ou instituições) especiais ou com condição elevada.
4. Demanda admiração excessiva.
5. Apresenta um sentimento de possuir direitos (ou seja, expectativas irracionais de tratamento especialmente favorável ou que estejam automaticamente de acordo com as próprias expectativas).
6. É explorador em relações interpessoais (ou seja, leva vantagem de outros para atingir os próprios fins).
7. Carece de empatia: reluta em reconhecer ou identificar-se com os sentimentos e as necessidades dos outros.
8. É frequentemente invejoso em relação aos outros ou acredita que os outros o invejam.
9. Demonstra comportamentos ou atitudes arrogantes e insolentes." (p. 669-670).

CAPÍTULO DOIS
O espectro: do narcisismo saudável ao patológico

O narcisismo saudável é definido pela presença de uma autoestima realista sem a privação de uma vida emocional que possa ser compartilhada com outros. O conceito de narcisismo saudável desenvolveu-se lentamente fora da tradição psicanalítica e se tornou popular no final do século XX. A seguir, você encontrará um resumo das principais diferenças entre narcisismo saudável e patológico para que os pais considerem ao criar seus filhos:

CARACTERÍSTICA	NARCISISMO SAUDÁVEL	NARCISISMO PATOLÓGICO
Autoestima	Autoconfiança elevada alinhada à realidade, incluindo imagem corporal.	Autovalorização; crença na onipotência.
Desejo por poder e admiração	Pode apreciar o poder.	Persegue o poder; carece de inibições e limites normais.
Relacionamentos	Preocupações reais pelos outros e pelas suas ideias; não explora ou desvaloriza os outros.	Respostas socialmente apropriadas quando conveniente; desvaloriza e explora os outros sem remorsos.
Valores e aspirações	Tem valores; segue os planos.	Deficiente em valores sociais consistentes; prontamente entediado.
Desenvolvimento formativo da infância	Infância saudável com apoio à autoestima e limites razoáveis de comportamento para com os outros.	Infância traumática sem empatia e afinação suficientes; não foi ensinada a consideração pelos outros.

O narcisismo existe em um espectro de desenvolvimento. Heinz Kohut (1971) acreditava que havia uma linha de desenvolvimento para o narcisismo, que contribuiu muito para a compreensão do narcisismo patológico. De acordo com o modelo de psicologia do self de Kohut, a psicopatologia narcisista é o resultado da falta de empatia dos pais durante o desenvolvimento inicial. Assim, os pais precisam considerar cuidadosamente o relacionamento empático com seus filhos. Empatia significa compartilhar com seus filhos sua compreensão de onde eles estão vindo, colocando-se no lugar deles desde cedo. Se isso não for feito o bastante, a criança não desenvolverá a capacidade total de regular sua autoestima.

E se os pais não ajudarem a criança a regular sua autoestima de forma apropriada e realista com seu desenvolvimento? O futuro dela se tornará o de um adulto narcisista que, segundo os conceitos de Kohut, oscila entre uma superestimação irracional do eu e sentimentos irracionais de inferioridade. Essa criança como um homem continua a contar com os outros para regular sua autoestima e dar-lhe um senso de valor. No tratamento, Kohut recomenda ajudar o paciente a desenvolver essas funções em falta, demonstrando sempre empatia. No início, isso é função dos pais e, se ela não for comunicada, pode deixar a criança com um déficit de admiração e aprovação realistas necessárias.

Kohut acredita que, em circunstâncias normais, o desenvolvimento infantil tem duas importantes construções psicológicas: o self grandioso--exibicionista (normalmente evoluindo em ambições de autoafirmação) e a imagem parental idealizada (normalmente evoluindo para valores e ideais internalizados). A patologia, na primeira área, resulta em grandiosidade, e, na segunda, resulta em déficits, derivados de idealizações iniciais segundo a psicopatologia.

Desse modo, os pais que não são suficientes e precisamente empáticos com seu filho pequeno, mas enfatizam demais seus atributos — talvez para satisfazer seus próprios anseios por um prodígio muito especial — podem eles mesmos levar seu filho a se agarrar a uma imagem grandiosa ou elevada que floresce na vida adulta narcisista. Com essa visão, uma criança pode se ver como digna de tratamento especial (ou seja, merecimento), resultando em comportamentos de atuação. Uma criança assim pode vir a esperar tratamento especial de professores e outras figuras de autoridade. Ela sempre irá esperar ser considerada como singularmente especial e, portanto, terá dificuldade em se relacionar com seus pares.

Crianças que não formam vínculos normais com outras pessoas com base na confiança podem crescer e se transformar em adultos narcisistas. Elas vivem em um mundo de gratificação de necessidades. Essas crianças têm ligações instáveis com uma incapacidade de tolerar frustração, atraso e realidade, já que seus pais não as incentivaram a fazer isso. Por precisarem se considerar as melhores, elas são extremamente vulneráveis a frustrações e críticas. Sem a capacidade de autoaceitação normal, elas sofrem infinitamente com regulação de baixa autoestima, buscando uma admiração excessiva e constante para se sentirem bem consigo mesmas. Esse processo formativo pode pressagiar o narcisismo na fase adulta.

No modelo de psicologia do self de Kohut, a díade entre uma criança e seus pais é um processo em evolução contínua. Em sua teoria, um self-objeto consiste na criança em desenvolvimento mais cada um dos pais, o que dá à criança a capacidade de manter a estrutura psicológica interior e uma sensação de coesão e estabilidade. "Kohut cunhou o termo self-objeto para designar o apoio do cuidador ao self da criança. Esse termo destaca a opinião da criança sobre o cuidador como apenas o fornecedor de funções reguladoras que a criança é incapaz de desempenhar" (BLEIBERG, 1994, p. 121). Os pais são self-objetos porque a criança não tem consciência de que eles não fazem parte do seu self; o bebê também não tem consciência de que eles estão fornecendo funções que a criança aprenderá mais tarde a fazer por conta própria, uma vez que essas funções são incorporadas à sua estrutura (cognitiva e emocional) psíquica. Quando certas necessidades de self-objetos não são atendidas de forma empática, ocorre uma parada de desenvolvimento — e pode ocorrer um narcisismo patológico. Em resumo, o self-objeto é o apoio que o cuidador fornece ao self do bebê. Esse termo destaca a necessidade da criança de que o cuidador seja o fornecedor de funções reguladoras que a criança é incapaz de realizar por conta própria (BLEIBERG, 2001). No modelo de Kohut, quando certas necessidades de self-objetos não são atendidas empaticamente, uma suspensão de desenvolvimento ou fixação ocorre e pode resultar em narcisismo patológico. Os pais precisam ser aconselhados a empatizar de forma precisa e realista com o desenvolvimento de seus filhos.

Por exemplo, as exigências da criança com características de um diagnóstico posterior de TPN, que cresce até se tornar um adulto narcisista, são excessivas em comparação com uma criança normal, cuja dependência e exigências sobre aqueles ao seu redor são realistas e podem ser atendidas. A criança com características de TPN é coerciva em suas exigências e não sente gratificação nem apreciação quando é saciada. Além disso, ela não reconhece nenhuma raiva sentida pelos pais. Os suprimentos narcisistas (amor e admiração) nunca são suficientes para satisfazer as exigências do self grandioso desta criança. Não importa o quanto seja dado, a criança ainda se sente indesejada e não amada. Ela inveja os outros que têm o que ela quer, o que impede ainda mais sua capacidade de obter o que ela sente que precisa sem se ressentir dos outros (KERNBERG; WEINER; BARDENSTEIN, 2000).

Os pais precisam considerar as três razões de Kohut para que essa relativa falta de empatia parental ocorra: (1) uma pobre compatibilidade entre a criança e os pais; (2) os pais são incapazes de reagir e nutrir a criança; e/ou (3) a criança tem necessidades de self-objetos extraordinariamente grandes. Qualquer que seja a razão, quanto mais cedo e mais difundidas forem as falhas, mais severos serão a parada de desenvolvimento e o grau de patologia narcisista na fase adulta. Essa é considerada uma linha de desenvolvimento porque, ao longo do tempo — por meio do crescimento ou do tratamento —, a criança desenvolve um senso mais realista do self. As linhas de desenvolvimento mostram que as crianças se desenvolvem naturalmente à medida que crescem.

Ao descrever a busca de um indivíduo narcisista por completar necessidades de self-objetos, Kohut expõe um certo aspecto do narcisismo inerente a todos nós. Kohut descreve o self como o centro do universo psicológico e acredita que passamos toda nossa vida tentando construir e manter nossa autoestima por meio do uso de self-objetos. Um exemplo de um self-objeto é a conexão que uma mãe e um filho têm, em que a mãe está em sintonia com a criança, acalmando-a e reconhecendo-a. A mãe e a criança podem se sentir inseparáveis. No entanto, ao contrário de outros teóricos, Kohut não acredita que esse tipo de narcisismo seja patológico e discute a continuidade entre o narcisismo infantil normal e o narcisismo patológico.

Os pais precisam estar cientes de que Kohut argumenta que o narcisismo patológico ocorre apenas com falhas *iniciais* de self-objetos, ou seja, nos três primeiros anos de vida. Quando essas falhas ocorrem, essas crianças buscam gratificação das necessidades de self-objetos da infância faltantes em suas vidas adultas e têm medo de encontrar ou de repetir falhas anteriores. Portanto, podem apresentar uma atitude de superioridade ou arrogância, reprimindo a ansiedade que sentem em relação ao encontro de mais falhas em self-objetos. Esse medo também pode se manifestar em relacionamentos. Pacientes com TPN podem ter um histórico de muitos fracassos em relacionamentos devido ao desapontamento de que a relação não está oferecendo a gratificação tão desejada da infância bem como suas necessidades de self-objetos ausentes (MUSLIN, 1985).

Kohut enfatiza que todos nós desejamos ser perfeitos, que pensamos em nós mesmos de uma maneira grandiosa, e que esses desejos e pensamentos não são inicialmente sujeitos a testes de realidade na criança. No entanto, com uma paternidade adequada, essas ideias são gradualmente diminuídas ao longo do tempo (embora nunca destruídas) por meio de inevitáveis menores falhas de self-objetos ou frustrações ideais. Os pais precisam encorajar os filhos a se adaptarem às frustrações. Essas pequenas frustrações são necessárias para moldar o senso de identidade de uma criança e não são psicologicamente traumáticas. Kohut aponta que seria errado acreditar que os pais podem (ou devem) sempre atender às necessidades de self-objetos de uma criança. Como pais, eles mesmos são humanos e nem sempre estão com a criança. Kohut acredita que essas falhas são necessárias para alterar as ideias ilusórias inatas e grandiosas com as quais nascemos porque elas exigem que a criança aprenda mecanismos internos para se acalmar e manter sua autoestima, apesar de não ser perfeita.

Uma vez que os pais apoiam a capacidade de seus filhos de tolerar a frustração por conta própria, a criança depende menos de self-objetos (seus pais) para apreciação e elogios com objetivo de regular a autoestima, porque a criança pode regulá-la sozinha. No adulto narcisista, as necessidades de self-objetos não foram atendidas durante a infância por seus pais, e por isso esses mecanismos nunca se desenvolvem e ele olhará continuamente para os outros (self-objetos) para construir a autoestima. Por isso, o indivíduo narcisista é muito sensível a qualquer crítica ou rejeição aparente (MUSLIN, 1985).

Usando o modelo de psicologia do self de Heinz Kohut, o objetivo da terapia é permitir que o paciente incorpore as funções de self-objetos que ele precisa em sua estrutura psíquica interna. Kohut (1971) chama esse processo de *internalização transmutadora*, mas, colocado de forma mais simples, é a capacidade do bebê de se acalmar pouco a pouco, à medida que a mãe reduz seus esforços para intervir quando o bebê experimenta tensão física ou psicológica. Dessa forma, a estrutura psíquica se desenvolve, permitindo que o bebê se acalme cada vez mais. Loewald (1960) explica que a criança internaliza aspectos dos pais, incluindo a imagem que os pais têm dela. Em outras palavras, na transição saudável, a criança aprende a centrar-se em si ao ser colocada em foco. Esta é a função do pai empático: centrar-se de forma precisa e realista em seu filho, cuja autoestima está se desenvolvendo.

Se essa transição pelos pais não ocorreu ou foi insuficiente na vida da criança, ela pode (quando crescer) tornar-se um paciente na psicoterapia, construindo e formando novas maneiras de ver o mundo. Para atingir esse objetivo, um terapeuta não só tenta imaginar que sentimentos uma certa situação pode evocar em um paciente narcisista, mas antes tenta sentir o que aquele paciente sentiu na situação. Essa empatia foi creditada por ser um dos veículos para fazer mudanças duradouras no processo terapêutico — compensando a falta de sintonia dos pais no início da vida. Sem esse tratamento empático, o paciente — que é demasiado fraco para tolerar uma interpretação mais agressiva — não se beneficiaria da terapia e poderia, de fato, sofrer mais danos. De acordo com essa ideia de fornecer aceitação empática contínua, a psicologia do self afirma que não é sábio concordar, discordar, satisfazer desejos ou dar conselhos ao paciente narcisista. Fazer isso mudaria o ambiente terapêutico de empatia para um de julgamento (ORNSTEIN; KAY, 1990; BAKER; BAKER,1987).

Na teoria da psicologia do self de Kohut, ele afirma que permitir que o processo de autodesenvolvimento se desdobre gradualmente é necessário para obter um insight. Quando são necessárias interpretações, é melhor oferecer as que enfoquem a necessidade do paciente de restaurar a solidez e o conforto depois de ser ferido por laços de self-objetos quebrados ou que falharam.

Para retornar ao narcisismo saudável, Sigmund Freud via a onipotência e a crença no poder mágico dos desejos, das palavras e dos pensamentos ao lidar com o mundo como evidência das vidas psicológicas das crianças, sugerindo assim a presença de um narcisismo normal primário. Freud via o narcisismo primário como o estado feliz em que um bebê se sente como o centro da criação. O narcisismo também é visto como uma tentativa de autopreservação. Isto é, o amor-próprio é uma força motriz para a autopreservação. Quando o bebê não é suficientemente satisfeito devido às grandes frustrações que enfrentou, ele retorna aos outros em busca de amor. Isso é normal e saudável. O bebê usa seu próprio corpo, assim como os cuidados amorosos de sua mãe, para identificação.

Kohut acredita que existem duas linhas de desenvolvimento. Uma surge do narcisismo infantil normal, que pode levar a formas mais elevadas de narcisismo saudável. A outra linha vai do narcisismo infantil ao amor dos outros. Kohut afirma que essas duas linhas de desenvolvimento coexistem em todos.

Agora podemos rever o self saudável da criança crescida que teve a sorte de ser criada em um ambiente seguro e acolhedor de cuidadores dando amor incondicional, reconhecimento e sintonia. Essa pessoa com narcisismo saudável internalizou o prazer em funcionar de forma independente com assistência dos pais (WHITE, 1986). Em outras palavras, a ênfase dos pais na frustração ideal traz uma sensação de separação e estimula o crescimento da tolerância à frustração, capacidade de atraso, teste de realidade e antecipação do futuro — tudo parte de um amor-próprio saudável.

Outra parte do desenvolvimento do narcisismo saudável que é importante para os pais compreenderem está relacionada à separação psíquica da mãe. Para a criança com desenvolvimento normal, a percepção da separação da mãe estimula a ansiedade pela separação e a experiência da perda. Essa ansiedade estimula a incorporação à mãe. Essa representação da mãe provoca o retrato internalizado de um sorriso materno. Há, portanto, a ilusão de que a mãe está presente e é parte do self, deixando o bebê ou a criança pequena com uma sensação de segurança. "Se o self fosse capaz de verbalizar seus sentimentos, diria: 'Eu me amo'. Porque, em parte, eu *sou igual à mãe*, o que significa: 'A mãe sorri para mim, ama-me, nutre-me e protege-me'" (ROTHSTEIN, 1986). A incorporação desse tipo de amor-próprio é saudável e normal na criança em crescimento:

1. Um senso de self confiável, coeso, bom e completo com a continuidade da autoimagem.

2. Uma consciência do que a mãe pensa e sente que dá autoconfiança para desenvolver e iniciar escolhas, aprender com elas e ser seu próprio agente.

3. Uma experiência do self como centro de iniciativa que a move para suas aspirações, visões e ideais realistas com resiliência.

4. Uma experiência de confiança em si mesma e em outros que inclui uma consciência de respeito mútuo, reciprocidade, honestidade e carinho.

5. Uma experiência de respeito mútuo entre si e os outros, incluindo aqueles que têm perspectivas diferentes para que ela possa reprimir suas forças e fraquezas, sentindo-se responsável por cuidar de suas relações e reconhecer as limitações dos outros, respeitando limites e fronteiras (PAYSON, 2017, p. 40-41).

CAPÍTULO TRÊS

Como não criar um narcisista

O impacto dos três primeiros anos de vida sobre o narcisismo patológico na vida adulta

O desenvolvimento da relação mãe-filho durante os primeiros três anos de vida de uma criança mostra como homens adultos vêm a ter confusões sobre seu senso de self em relação aos outros — especialmente com as mulheres —, como será ilustrado nos últimos capítulos deste livro. Encontraremos vários desses homens com dificuldades interpessoais que precisavam se apegar a mulheres que os adoravam. Essa adoração é comumente descrita como um suprimento narcisista que a mãe dá à criança durante os primeiros anos. Se ela não fornecer isso, o perigo de criar um narcisista surge. Para tanto, daremos um passo atrás para examinar os avanços nas teorias psicanalíticas sobre o desenvolvimento da criança durante os primeiros anos de vida.

Há um estágio do desenvolvimento infantil chamado *separação-individuação* durante os três primeiros anos de vida. Esse é o momento em que a criança deve resolver sua necessidade de se sentir próxima a uma mãe que a admira, ao mesmo tempo que desenvolve uma separação saudável na qual pode tolerar que não é tão onipotente e grandiosa — assim como ela acreditava quando era um bebê. Durante esses anos, é exigido que a mãe ajude o filho a experimentar momentos de separação interior em que ele compreenda realisticamente que ela e ele não são *um*. Embora a mãe possa ter demonstrado deliciar-se com a experiência do filho de ser grandioso e poderoso, ele deve aprender a se acalmar, regular esses sentimentos, esperar e retardar a gratificação porque, no desenvolvimento saudável da criança, ele deve saber que eles (mãe e filho) são seres separados emocional e fisicamente.

Os pais se perguntam como estabelecer limites para seus filhos e por que isso é tão importante. A separação interna entre mãe e filho refere-se ao desenvolvimento de tais limites e à experiência de diferenciação entre a criança e a mãe. Quando os limites são estabelecidos antecipadamente sobre o comportamento de uma criança, ela experimenta um processo interior de separação mental da mãe. Por exemplo, quando uma mãe diz à sua criança de dois anos: "Use palavras, não as mãos — sem bater", a criança sabe que sua mãe tem uma visão separada de como ela deve se comportar. Eles são indivíduos separados. Isso consolida o esclarecimento de que a criança não pode fazer o que quer; ela tem uma mãe que é diferente dela e que pode restringir suas ações. Se ela não o fizer, a criança se sentirá poderosa e onipotente demais, levando a um potencial desenvolvimento do narcisismo patológico quando se tornar um adulto. As crianças não querem se sentir mais poderosas do que seus pais. De fato, é assustador para uma criança pequena sentir-se mais poderosa do que sua mãe. A criança precisa que a mãe lhe estabeleça limites para que saiba como se relacionar com os outros de uma forma aceitável. Se ela for muito poderosa, pode sentir que tem mais direito do que uma criança deveria ter. Se, por exemplo, a criança não for impedida de bater em seu irmão, ela se sentirá mais poderosa do que deveria e não saberá como limitar seus impulsos para expressar suas frustrações e raiva.

Esta é uma criança que pode crescer e se tornar um adulto narcisista que sente ter poder e controle sobre os outros em circunstâncias irracionais. Ela aprende a manipular e a coagir os outros irrealisticamente quando isso atende às suas ambições.

A individuação, por outro lado, refere-se ao desenvolvimento do ego da criança, seu senso de identidade e suas habilidades cognitivas. Refere-se a um conceito do desenvolvimento do self. Embora inter-relacionadas, é possível que a separação ou a individuação se desenvolva mais plenamente de forma separada uma da outra nessa fase de desenvolvimento, dependendo em grande parte da atitude da mãe em relação à criança.

Quando esse período de desenvolvimento não prossegue normalmente, o jovem rapaz fica obcecado, permanecendo mentalmente preso à época em que precisava de grande adoração. Ele não evolui em sua compreensão de que se difere de sua mãe e não pode esperar que ela sempre reconheça seu senso de grandeza infantil. Quando essa falha de desenvolvimento ocorre durante os primeiros anos, um homem nunca supera com sucesso essas necessidades de reconhecimento e adoração, que vêm a caracterizar sua personalidade. E se de fato for dotado de uma inteligência superior, que é muito apreciada por seus pais, ele pode ser excessivamente indulgente e desenvolver um senso de merecimento superestimado.

Assim, esses três primeiros anos contêm eventos formativos críticos entre mãe e filho. Os momentos de união mãe-filho que estabelecem limites, assim como momentos reconfortantes (PINE, 1994) — embora possam ser breves —, assumem uma grande importância no desenvolvimento da personalidade do pequeno menino. Momentos em que ele aumenta suas expectativas sobre relações maternas podem prejudicar o reconhecimento de sua identidade inicial, levando-o a acreditar que é uma pessoa que de fato não é tão excepcional quanto ele gostaria de ser visto.

Essa fase de desenvolvimento é crucial para a posterior aceitação de uma criança (como adulto) de seu poder e controle *realista* sobre si mesma e sobre os outros. Ela deve aprender que não é tão extraordinária quanto gostaria de acreditar em suas interações com os outros. Cada vez que não obtém o reconhecimento que anseia, ela pode se sentir muito envergonhada e vulnerável. Esse é seu sofrimento, seu calcanhar de Aquiles, seu senso de self falho que pode levar a uma significante queda na autoestima e até mesmo à depressão. Essas primeiras experiências impactam muito as linhas de desenvolvimento de um indivíduo ao longo de sua vida, e eu continuarei a esclarecer sua importância.

Por meio de observações de crianças e suas mães, a psicanalista Margaret Mahler descobriu que existe uma capacidade inata para que o bebê e a criança obtenham da mãe as necessidades interpessoais e intrapsíquicas (psicológicas internas).

Em outras palavras, a criança se desdobra dentro do ambiente da unidade mãe-criança, preparando o cenário para padrões duradouros que — como veremos — tornam-se essenciais ao narcisismo normal ou patológico. A criança procura desde a infância, com seus desejos, tanto fazer parte da mãe e ser indiferenciada (por assim dizer), assim como ser autônoma. É um processo de ida e vinda durante a separação-individuação que tem um grande impacto em seu desenvolvimento.

Recentes discussões sobre os bebês desafiam esses períodos e sequências geralmente aceitos e estão mais de acordo com a impressão de uma criança mudada, capaz de ter — de fato, provavelmente — um senso integrado do self e dos outros. Essas novas descobertas apoiam a visão de que um dos primeiros desafios de uma criança, na criação de um mundo interpessoal, é formar o sentido de um self principal e de outros principais. A evidência também apoia a noção de que essa tarefa é bastante realizada durante o período entre dois e sete meses. Além disso, ela sugere que a capacidade de ter experiências de fusão como descrito na psicanálise é secundária e depende de um senso já existente do self e dos outros. O novo período sugerido impulsiona o surgimento do self dramaticamente mais cedo e inverte a sequência de tarefas de desenvolvimento. Primeiro vem a formação do self e dos outros, e só então o senso das experiências semelhantes à fusão é possível (STERN, 1985, p. 70).

O que isso significa em termos práticos para a educação das crianças é que nós não queremos que elas se sintam fundidas com suas mães e incapazes de agir separadamente delas. "Fusão" ou "junção" são termos que implicam a mãe não vendo seu filho como um indivíduo separado, mas como uma extensão de si mesma para atender às necessidades *dela*. Ela não diferencia suas necessidades das de seu filho. Então, a criança não entende que ela é um indivíduo separado com forças próprias — as quais a mãe reconhece, admira e limita realisticamente.

Aceitar esta nova perspectiva teórica (que o bebê é mais diferenciado da mãe desde o início) não muda, no entanto, o desenvolvimento do narcisismo do homem adulto com base em suas experiências na infância. De uma forma simplista, podemos observar o desenvolvimento do narcisismo não saudável em famílias com dois tipos de mães diferentes. No primeiro momento, a mãe faz muito as vontades do menino, não permitindo, assim, que ele escape de seu mundo interior de grandiosidade. Ele se sente poderoso demais e pode tentar coagir outros a atender suas exigências. No segundo, a mãe não está disponível ou o rejeita, o que faz com que o menino almeje a grandiosidade interior que sua mãe nunca o ajudou a se livrar. Neste caso, se a criança sente demasiada hostilidade, então o amor por seus pais é ofuscado pelo ódio. Tal estado (emocional) pode severamente prejudicar sua capacidade de contornar seu desenvolvimento futuro. Na teoria psicanalítica, isso se refere ao desenvolvimento da crise edipiana, que segue os três primeiros anos de separação-individuação. O "complexo de Édipo" é um termo usado por Sigmund Freud em sua teoria das fases do desenvolvimento psicossexual (1914). Ele descreve os sentimentos de desejo de uma criança por seus pais de sexo oposto e ciúme e raiva por seu pai/mãe do mesmo sexo. Isso ocorre, aproximadamente, quando a criança tem de três a seis anos (BLANCK; BLANCK, 1974). Se a mãe ou o pai estiver muito ligado a seu filho — como se eles fossem quase amantes — isso complica a capacidade da criança de compreender seu papel de criança, e não de par do pai ou mãe do sexo oposto. As crianças se confundem sobre seus pais como "adultos com autoridade" e esperam que todas as suas necessidades sejam atendidas de uma só vez.

Esse assunto é ainda mais complexo quando consideramos o estado relativamente não separado das representações parentais e representações do self (a visão que uma criança tem de si mesma) em patologias graves. Nessas condições, as emoções negativas impactam a representação do self, assim como as representações maternais ou paternais, impedindo severamente a progressão do desenvolvimento narcisista da criança e do jovem adulto. Em outras palavras, se uma criança vê a imagem de seus pais de forma negativa, isso é refletido na visão que a criança tem de si mesma. Isso pode ocorrer se o pai não tiver sucesso no estabelecimento de limites e se a criança se sentir com muito poder e sem vontade de conter sua agressão. As crianças querem conter sua agressão para que elas então possam entrar no mundo social dos pares e dos adultos. Se o pai não ajuda seu filho a controlar seus impulsos, há o perigo de um desenvolvimento narcisista mais tarde, quando a criança se tornar adulta.

De particular interesse é a subfase da separação-individuação chamada *exploração*. A exploração é marcada pela locomoção da criança — usualmente primeiro engatinhando e depois caminhando. O advento dessas habilidades físicas tem um componente psicológico dramático. Isso inclui maior consciência do self, devido à visualização de um ambiente maior com os grandes prazeres narcisistas do bebê. Este agora tem maior capacidade para testar a realidade — não mais apenas realizada na díade mãe-criança — e ele começa a perceber que é uma pequena pessoa em um mundo grande. Isso é crucial para que a criança conheça seu lugar no mundo adulto e não se sinta no direito de ter todos os seus desejos e necessidades atendidos de uma só vez.

Esse excesso de senso de merecimento traz a crise chamada *reaproximação*, em que a criança reage à perda de sua onipotência e de sua unicidade com seus pais. A resolução dessa crise tem grande significado para o desenvolvimento posterior, especialmente a capacidade do garoto de lidar com o conflito e o narcisismo normal.

O conflito permanece na interação entre mãe e filho se a criança apresenta uma carga (emocional) muito hostil para com um ou ambos os pais. Então, o amor pelos pais pode se tornar ofuscado por algum sentimento de ódio. Esses sentimentos prejudicam a capacidade da criança de contornar conflitos com cada um de seus pais — de quem ela não é suficientemente diferenciada. Ou seja, a criança não desenvolveu um self autônomo, que consegue contornar internamente em suas interações com seus pais externamente. Isso se torna um padrão de vida que se revela na relação do homem adulto com as mulheres. Como veremos em capítulos futuros, o homem narcisista vê as mulheres como se elas estivessem lá para servir suas necessidades interiores e exteriores, como a de uma mãe que não foi suficientemente separada dele de forma interna.

Sentimentos negativos intensos permeiam as relações, impedindo o progresso do desenvolvimento, assim como a capacidade de ter e a qualidade de relacionamentos recíprocos. A mãe que permite que seu filho se desvincule bem e desenvolva a autonomia lhe dá um maior senso de competência normal. A mãe que prolonga seu vínculo ao filho impede esse desenvolvimento e pode levá-lo a relacionamentos pouco saudáveis mais tarde na vida, especificamente com as mulheres, pois ele pode querer o mesmo tipo de apego narcisista que mantinha com sua mãe desde cedo.

A teoria da separação-individuação (MAHLER; PINE; BERGMAN, 1975) fornece um período de desenvolvimento que, apesar de se distinguir da perspectiva de Stern (1985), envolve a passagem normal da infância do bebê a partir de seu nascimento físico — um estado de quase total dependência e, em grande parte, de inconsciência dos limites entre o self e os outros — a um estado que é chamado de "nascimento psicológico", que ocorre por volta dos três anos. É quando a crise de reaproximação acontece.

Os narcisistas que estudaremos não foram totalmente bem-sucedidos em seu nascimento psicológico — em que os limites entre o self e os outros são claramente definidos, permitindo um relacionamento conjugal mutuamente satisfatório na fase adulta. É como se a criança não tivesse autonomia suficiente para abrir mão de uma espécie de autoridade, o que impediu seu desenvolvimento progressivo. Ela não abdicou de um controle razoável sobre sua mãe, de modo que a criança não pode se sentir segura e protegida em um relacionamento na fase adulta e tem problemas claros de limites com seus pais.

Diana Siskind (1994) apresenta um caso de um menino de três anos e meio que ainda não havia resolvido sua fase de separação-individuação de desenvolvimento e estabelecido seu nascimento psicológico, uma etapa que coincide com o início da fase edipiana. Em seu tratamento, Siskind examina habilmente como, com sua psicoterapia, o menino aprendeu a expressar e compreender a abstração da palavra *não*, dita por sua mãe e por ele mesmo. A compreensão da palavra *não* facilita a separação e a individuação. A palavra *não* diz: "Eu não sou você, mãe. Eu posso discordar de você, e você pode discordar de mim, porque somos seres separados". Isso permite que ele progrida, expressando suas necessidades fálicas narcisistas durante a fase edipiana — sem as quais ele poderia ter tido um prelúdio para um transtorno narcisista, de acordo com Siskind. Sua capacidade de buscar a aprovação de sua mãe e de tolerar os sentimentos agressivos normais seus e dela o colocam em um caminho normal de desenvolvimento nessa fase crucial de reaproximação. Esse caso nos lembra que o descarrilamento dessas fases de desenvolvimento pode levar a transtornos de personalidade narcisista nos homens.

A definição de narcisismo é a relação com o self ou o investimento no self. É a antítese do amor por outra pessoa. De acordo com Heinz Kohut (1966), "O bebê experimenta originalmente a mãe e suas assistências [...] em uma visão de mundo em que a diferenciação eu-você ainda não foi estabelecida" (p. 244-245).

Kohut explica que os transtornos de equilíbrio narcisista em adultos, conhecidos como "lesões narcisistas", são facilmente reconhecidos por emoções dolorosas de constrangimento ou vergonha, que são conhecidas como sentimentos de inferioridade ou orgulho ferido. Quando a mãe não estabelece limites e a criança cresce, o adulto descobre que os outros não o veem como sua mãe. Ele sente uma sensação de inferioridade que não consegue explicar porque sua mãe não era realista com suas habilidades, então ele espera ser mais poderoso do que é na realidade. Os outros o consideram ofensivo.

Então, há tensões narcisistas que ocorrem quando esta criança se torna um adulto que se esforça sem sucesso para viver à altura de seu ideal (que foi inflado). O superego, de acordo com Freud, é como uma pessoa mede a si mesmo e a sua mãe. Ele imita a mãe e se esforça para atender às suas exigências de maior perfeição. Se ela não deixar claro que ele não é e não pode ser perfeito, ele fica propenso ao narcisismo patológico. Se, por outro lado, ela o ajuda a aceitar suas imperfeições, esse deve ser o início do desenvolvimento de uma consciência. Em outras palavras, se seu senso de self for inflado, ele pode não desenvolver uma consciência — a sensação ou voz interna vista como um guia para a retidão ou injustiça do comportamento de alguém.

As frustrações são exigidas pela realidade, e a capacidade da criança de tolerá-las levam a seu desenvolvimento de narcisismo normal. Por outro lado, se — devido à relação mãe-criança — tais frustrações não forem gradualmente permitidas, a criança que crescerá para se tornar um homem não poderá tolerá-las. A descoberta prematura da fraqueza parental, porque os pais não conseguiam traçar limites realistas, também cria conflito na criança. Então, a criança não encontra pais idealizados a quem possa admirar e desejar ser, mas sim pais incapazes de lhe permitir sua descoberta gradual de deficiências. Isso pode levar a resultados patológicos traumáticos.

No início da vida de uma criança, o pai idealizado é olhado com admiração. A criança quer se tornar esse mesmo ideal. Isto é, o self narcisista quer ser olhado e admirado. Mais tarde na vida, o ideal narcisista está relacionado com as ambições do homem. O homem narcisista normal alcança suas ambições. O homem patológico sente-se humilhado quando não consegue viver à altura de seus ideais ou ambições.

Então, o adulto tende a oscilar entre uma superestimação irracional do self e sentimentos de inferioridade que são derivados de suas fantasias grandiosas e infantis que não se tornam retraídas de forma otimizada. Embora seja saudável ser motivado por ambições, não é saudável amá-las incondicionalmente. Assim, há emoções de desapontamento que contêm vergonha. Tal vergonha resulta de fantasias grandiosas infantis que não são refreadas na personalidade do adulto. Ele sente a humilhação narcisista quando a admiração e a confirmação de suas ambições são frustradas.

É necessário que o exibicionismo natural da criança seja diminuído por meio de frustrações graduais que são acompanhadas por um apoio amoroso. Há três atitudes parentais que podem formar uma ampla gama de distúrbios: rejeição, excesso de indulgência e — mais poderosamente — rápidas alternações entre ambos. Todas essas três atitudes levam ao aumento da tensão narcisista-exibicionista que é expressa de forma anormal pela criança. Por exemplo, se uma criança tenta envolver sua mãe em seu exibicionismo, mas a rejeição ocorre, há uma vergonha dolorosa, e a criança não se sente mais amável. Isso contrasta com o narcisismo normal, em que há um prazer saudável das realizações da mãe e uma decepção adaptativa que é realista (mesmo que marcada por alguma raiva e vergonha por falhas e deficiências).

Kohut (1966) aponta que a manipulação incorreta por parte dos pais, como foi dito anteriormente, pode transformar o narcisismo normal em narcisismo anormal nas seguintes áreas: "(i) a criatividade do homem; (ii) sua capacidade de ser empático; (iii) sua capacidade de contemplar sua própria impermanência; (iv) seu senso de humor; e (v) sua sabedoria" (p. 256). Vamos considerar como esses fatores são expressos em uma pessoa.

1. As pessoas criativas tendem a alternar, durante períodos de produtividade, entre fases em que têm uma opinião extremamente elevada sobre seu trabalho e as fases em que estão convencidas de que ele não tem valor. Isso é uma indicação de que o trabalho está relacionado a uma forma de experiência narcisista.

2. A empatia é um processo cognitivo afetivo de sentir, imaginar, pensar e visceralmente perceber o caminho de uma pessoa pela experiência de outra. A capacidade de ter empatia está no cerne de nossa capacidade de compreender outras pessoas. Como tal, ela é central para todas as relações humanas — especialmente as que incluem intimidade e preocupação com os outros. No entanto, a empatia também pode ser mal utilizada, como para manipular, explorar, coagir e controlar os outros — uma característica narcisista anormal da personalidade, em comparação

ao crescimento normal da capacidade de empatia na infância. A empatia é, muitas vezes, vista pela primeira vez na capacidade da criança de três ou quatro anos de assumir a experiência de outra, devido ao seu senso prévio de sintonia por parte de seus cuidadores. A capacidade de resposta empática por parte dos cuidadores é, portanto, vital para o desenvolvimento de muitos aspectos da vida psicológica da criança, incluindo o senso básico do self.

3. A capacidade de aceitar a própria impermanência é afetada pelo senso de realidade de cada um. No narcisista anormal, isso pode se tornar um sentimento tão impressionante que a pessoa não pode ser substituída, enquanto a pessoa normal valoriza o self de forma mais realista. Kohut explica que "assim como a empatia primária da criança com a mãe é o precursor da capacidade do adulto de ser empático, também é sua identidade primária com ela [...] considerada como a precursora de uma expansão do self, posteriormente na vida, quando a finitude da existência individual é reconhecida" (1966, p. 266).

4. Ele continua a salientar que:

o humor e o narcisismo cósmico são, portanto, ambas transformações de narcisismo que ajudam o homem a alcançar o máximo domínio sobre as exigências do self narcisista (ou seja, a tolerar o reconhecimento de sua finitude em princípio e até mesmo de seu fim iminente). As formas mais profundas de humor e narcisismo cósmico, portanto, não apresentam uma imagem de grandiosidade e euforia, mas a de um sereno triunfo interior com um misto de melancolia não negada (1966, p. 266).

5. Kohut prossegue, definindo a sabedoria do homem narcisista normal no final da vida:

A sabedoria é alcançada em grande parte por meio da capacidade do homem de superar seu narcisismo não modificado e repousa em sua aceitação das limitações de suas capacidades físicas, intelectuais e emocionais. Ela pode ser definida como uma amálgama dos processos superiores de cognição com a atitude psicológica que acompanha a renúncia a essas exigências narcisistas. Nem a posse de ideais, nem a capacidade de humor, nem a aceitação da transitoriedade por si só caracterizam a sabedoria. Os três têm que estar ligados entre si para formar uma nova constelação psicológica que vai além dos vários atributos emocionais e cognitivos dos quais é composta. A sabedoria pode assim ser definida como uma atitude estável da personalidade em relação à vida e ao mundo, uma atitude que se forma por meio da integração da função cognitiva com o humor, a aceitação da transitoriedade e um sistema de valores firmemente catexizado (1966, p. 268).

Assim, vimos o notável significado dos três primeiros anos de vida sobre o narcisismo de um jovem garoto enquanto ele cresce para se tornar um homem. Seu relacionamento com sua mãe durante seus estágios infantis tem grande impacto sobre sua capacidade de se desenvolver em um adulto maduro, normalmente narcisista, que pode experienciar uma intimidade normal com uma mulher.

Algumas reflexões sobre como *não* criar um narcisista

1. Enfatize a diferenciação entre a criança e a mãe e promova sua identidade em desenvolvimento como uma pessoa individual separada.
2. Estabeleça limites razoáveis para o comportamento de seu filho durante os três primeiros anos de vida dele.
3. Elogie-o e admire-o apropriadamente com base em conquistas específicas alcançadas, não dizendo a todos o quão ele é incrível e especial.
4. Ensine a seu filho o certo e o errado para que ele desenvolva uma consciência razoável.

5. Entenda que todas as crianças pequenas têm sentimentos de poder e onipotência naturalmente, mas esteja ciente de que esses sentimentos podem ficar fora de controle em casos de narcisismo.

6. Ajude seu filho a controlar as emoções para que ele possa senti-las e expressá-las sem ser levado por elas.

7. Ajude seu filho a tolerar frustrações, decepções e atrasos realistas no atendimento de suas necessidades para ajudá-lo a ganhar resiliência diante de falhas ocasionais.

8. Encoraje seu filho a ter prazer e satisfação em agir independentemente.

9. Ajude seu filho a reconhecer os pontos de vista de outras pessoas.

10. Valorize traços de caráter como honestidade e gentileza para com os outros.

11. Reconheça e desencoraje atitudes e ações de superioridade.

12. Discuta ganância e egoísmo e ensine-o a compartilhar com os outros.

13. Desencoraje culpar os outros pelos seus próprios erros e falhas.

14. Evite insistir na perfeição, na vitória e na tenacidade indevida (Barr *et al.*, 2011).

CAPÍTULO QUATRO

A evolução de um jovem com traços narcisistas

Carver

Carver veio até mim no final da adolescência e continuou o tratamento em seus anos de faculdade. Antes de apresentá-lo a vocês de forma mais completa, deixe-me rever alguns dos traços de personalidade associados com narcisismo nos jovens. O narcisismo geralmente refere-se ao bem-estar geral do self, incluindo sentimentos de vivacidade, iniciativa, autenticidade, coerência e autoestima tanto na forma normal quanto patológica. O transtorno de personalidade narcisista inclui autodefesa; falta de um conceito do self bem formado; dependência desordenada da aprovação dos outros; relacionamentos ruins; vulnerabilidade a sentimentos de humilhação, vergonha e raiva; depressão; e senso de merecimento. Há uma busca incessante da perfeição do self com deficientes capacidades de preocupação, empatia e amor ao próximo. As defesas narcisistas incluem valorização do self ou onipotência, idealização e desvalorização — todas usadas para regular a autoestima.

Em 2014, Jean Twenge, autora de *Generation Me*, citou em seu estudo que pelo menos cinquenta por cento dos estudantes universitários contemporâneos tiveram uma pontuação problematicamente alta referente ao narcisismo (xvi). O narcisismo, como discutido anteriormente, inclui uma vasta gama de ideias cujo fio condutor ou foco comum é a relação com os traços disfuncionais do self, que foram personificados por Carver enquanto ele crescia.

Primeiro, vamos imaginar uma criança muito nova a fim de verificar os problemas que Carver teve no início de sua vida. Por exemplo, se uma criança pequena está excessivamente satisfeita com respeito à validação normal de seus desejos egocêntricos, fixações de desenvolvimento podem ser o resultado. Esse era o caso de Carver. Sempre que ele pedia a atenção de sua mãe — seja por comida, brincadeiras ou elogios por suas primeiras realizações (como seu excelente vocabulário e sua capacidade de leitura) — ela respondia imediatamente. Uma das principais consequências para Carver foi que o equilíbrio normal entre o amor-próprio e o amor ao próximo falhou em se desenvolver de forma saudável devido à atenção excessiva de sua mãe. Se ela não lhe oferecesse amor da maneira que ele queria, como segurá-lo ou ouvi-lo sempre que ele falava, ele se sentia magoado e pouco amado. Isso não era verdade, mas ele estava propenso a sentir-se prejudicado sem razão pelas consequências normais de uma vida familiar numerosa. Ele teve cinco irmãos nascidos em sequência quando era jovem.

Em *Ricardo III*, Shakespeare nos fala das mágoas narcisistas de Ricardo e sua motivação para compensá-los quando ele diz,

E, portanto, como não posso provar uma amante
Para entreter estes dias bem falados,
Estou determinado a provar que sou um vilão
E odiar os prazeres ociosos dos dias de hoje (ato 1, cena 1, p. 11).

. . . .

Todos nós temos uma causa
Para lamentar o escurecimento de nossa estrela cintilante,
Mas ninguém pode sanar nossos danos, lamentando-os.
Senhora, minha mãe, eu vos choro de misericórdia;
Não vi Vossa Graça. Humildemente de joelhos
Anseio por sua bênção (ato 2, cena 2, p. 111).
....

O que eu temo? A mim mesmo? Não há mais ninguém por aqui.
Ricardo ama Ricardo; isto é eu [sou] eu (ato 5, cena 3, p. 287).

Essas citações resumem a vida jovem e adolescente de Carver perfeitamente. Ele estava determinado a ser uma presença relevante na vida de seus pais. E, de fato, Carver era— porque ele não podia ser resiliente. Se não fosse atendido, ele berrava descontroladamente e era muito difícil de conter, porque continuava a exigir dos pais, em especial sua mãe, afeto e atenção. Ele sempre esperava que fossem devotados a ele e que o valorizassem.

O interesse em si, a responsabilidade social e a preocupação com os outros precisam estar em equilíbrio numa personalidade saudável. Faltava a Carver esse equilíbrio interior entre a preocupação consigo mesmo e com os outros. Isso foi em grande parte devido à relação prejudicada com sua mãe, que se baseava em toda a felicidade e poder infantil que ele sentia em sua (exagerada) relação inicial próxima a ela. A relação, na opinião dele, não foi sustentada de forma suficiente durante toda a sua infância e adolescência. As altas expectativas por uma disponibilidade constante de sua mãe — que eram irreais — resultaram em uma gritante desvalorização dela.

À medida que ele foi crescendo, ela o decepcionou bastante por gerar mais crianças, dividindo sua atenção inicialmente inigualável entre ele e seus irmãos. Quando cada bebê nascia, ela se dedicava à criança recém-nascida, alimentando-a e brincando com cada criança, o que significava menos tempo com Carver. Ele era profundamente ciumento, mais do que uma criança comum pode ser quando os irmãos nascem. Mas, por outro lado, ele tinha tantos irmãos (cinco em uma curta sequência) que ele se sentia regularmente excluído cada vez que sua mãe engravidava e depois quando dava à luz. Conforme ele crescia, Carver continuou ansioso por conta de sua proximidade emocional inicial e intensa com sua mãe, o que se tornou impossível por causa das preocupações dela em cuidar de Carver e seus irmãos ao mesmo tempo. Isso correspondia à sua idealização e desvalorização de si mesmo, porque embora ele fosse favorecido, não era mais a única criança. Ele nunca havia se separado totalmente dela — ou ela dele. Uma vez que toda a felicidade e poder residia nesta mulher idealizada e, mais tarde, desvalorizada, quando criança e mais tarde adolescente, Carver se sentia vazio e impotente quando estava emocionalmente separado dela ou quando ela não satisfazia seus desejos. Ele então continuou a manter uma união patológica contínua com ela. Carver sentia que havia sido deixado de lado e nutria uma raiva incomum. Ele não era capaz de tolerar frustrações, atrasos e decepções.

Isso resultou em relações crônicas instáveis com seus irmãos e colegas, e o levou a buscar o perfeccionismo nos outros e em si mesmo, bem como uma grande decepção em si mesmo e nos outros quando tal perfeccionismo não vinha à tona. Ele nunca experimentou a desilusão gradual com suas imagens parentais e o ideal de si que crianças saudáveis têm. Dessa forma, ele continuou a ter uma voracidade por esse estado desejado. Além disso, embora tenha se tornado um jovem de considerável inteligência que desempenhava suas tarefas com habilidade e criatividade, ele estava sempre em uma constante e desesperada busca por aprovação e admiração de seus colegas e adultos. Ele continuava a sentir que tinha direito a isso, independentemente do trabalho real que ele houvesse realizado.

Vamos dar um passo atrás e olhar para o desenvolvimento inicial, a fim de verificar como Carver reagiu às vicissitudes normais do crescimento. Considere, por exemplo, como, durante a fase normal de desenvolvimento das crianças pequenas, o narcisismo está em seu auge. Como os pais lidam com a grandiosidade natural da criança afeta a capacidade de autocontrole do jovem em suas relações com os outros. Um padrão de parentalidade em que a grandiosidade da criança é limitada e restringida no contexto de uma abordagem empática e gentil que ajuda a trazer a criança de volta à realidade+ resulta em limites estabelecidos de maneira razoável. Então, a criança não se vê presa à autovalorização e à grandiosidade que ocorrem na ausência de limites razoáveis.

Por outro lado, uma criança desenvolve uma forma inibida de narcisismo decorrente de uma árdua supressão da grandiosidade dos primeiros anos. As respostas confusas dos pais de Carver o colocaram em uma situação vulnerável e seu autocontrole foi marcado de forma significativa. Sua mãe sempre tentou colocar as necessidades de Carver à frente das de seus irmãos. Isso irritava seu marido, que achava que Carver deveria saber seu lugar como uma criança mais velha e não ser tão obcecado por sua esposa. Por exemplo, se Carver reclamava que estava com fome, ela lhe arranjava um prato de comida enquanto deixava um bebê chorar. O pai de Carver gritava com sua esposa para parar e cuidar dos mais jovens; ele expulsava o jovem Carver da sala e deixava sua esposa cuidar dos outros irmãos. Carver se sentia rejeitado por seu pai naqueles momentos. A raiva do pai sobrepujava a compaixão da mãe. Consequentemente, Carver não poderia desenvolver uma bússola interna que equilibrasse o interesse próprio com o amor pela mãe, pelo pai ou pelos irmãos. Ele gritava com o pai por conta de sua percepção de que sua mãe negligenciava seus desejos, e seu pai gritava com ele para se acalmar. Carver saía do quarto sentindo-se enfurecido tanto com a mãe quanto com o pai.

Por seus pais não terem sido capazes de ajudar Carver a conter sua agressividade nos quatro a cinco primeiros anos de sua vida, ele desenvolveu uma estratégia defensiva: uma raiva rápida direcionada aos outros. Ele primeiro batia os pés, depois deitava-se no chão balançando os braços e as pernas, gritando a plenos pulmões. Essa raiva funcionava para proteger os sentimentos de desamparo e para manter o desejo e o envolvimento de seus pais, que reagiam de forma errática. Sua mãe ia a ele e o abraçava quando estava furioso, enquanto seu pai gritava com ela por fazer isso. Carver desvalorizava seus pais, mas não renunciava ao seu desejo de obter deles suas "necessidades" narcisistas. Ele não era uma criança que desistiria e recuaria. Os valores conflitantes de seus pais — a mãe que o mimava e o pai que, com raiva, segurava os braços de Carver com muita força — exacerbavam a incapacidade de Carver de desenvolver um sistema de senso de self seguro.

Sua mãe foi incapaz de estabelecer limites razoáveis, cedendo a suas birras, enquanto seu pai também não estabeleceu limites razoáveis, reagindo com demasiada dureza à grandiosidade normal na idade de Carver. Em outras palavras, é típico de uma criança de dois ou três anos querer ser o centro das atenções, especialmente uma criança tão brilhante como Carver, que conseguia ler em uma idade precoce. Mas, por haver outras crianças pequenas, o pai de Carver não lhe dava essa atenção; em vez disso, ele dispensava os desejos de adoração e aprovação de Carver. O desejo de sua mãe de que houvesse uma total sintonia e disponibilidade saiu pela culatra, contribuindo para a grandiosidade indulgente de crianças especiais, tal como Carver. A crença de seu pai em fortes medidas disciplinares punitivas, incluindo a criação do medo numa criança, não podia combater a indulgência de sua mãe, o que era uma situação totalmente confusa para Carver. Muitas vezes, quando Carver ia ler em voz alta para sua mãe, seu pai não o permitia por causa de sua própria preocupação com o poder sobre seu filho. Ele dizia a Carver para ir ler sozinho e parar de incomodar sua mãe ocupada. Mesmo enquanto ele crescia e se tornava uma criança da escola primária, seu pai não lhe dava os elogios merecidos por suas realizações. Em vez disso, por exemplo, ele o rebaixava porque não era atlético, era significativamente mais baixo do que a maioria dos meninos de sua idade e raramente jogava bem em esportes coletivos.

A evolução do comportamento agressivo de Carver se desenvolveu a partir de sua tentativa de fazer com que sua mãe e, mais tarde, seu pai aceitassem e compreendessem o motivo de sua raiva. No fracasso de seus pais em não compreender, Carver se sentia cada vez mais descontrolado. Seu comportamento foi uma forma de criar uma sensação de maior controle ao transformar a experiência passiva de estar imerso em sua fúria em uma experiência mais ativa de direcioná-la a outros e obter reações relativamente previsíveis. Ao fazer os outros se sentirem impotentes e fora de controle, Carver poderia repudiar tais sentimentos em si mesmo e sentir-se mais equilibrado. Como foi observado, ele chorava, tinha birras e não era facilmente acalmado enquanto criança e jovem — forçando o ambiente a atendê-lo. Isso continuou durante toda sua adolescência e início da idade adulta.

O desejo intenso e prolongado de Carver por sua mãe parecia ter assumido a forma de uma intensificação de seu relacionamento agressivo com ela à medida que ele crescia. A raiva dele foi enfrentada pela crescente dúvida dela em relação à capacidade de ser sua mãe. O sentimento de impotência de Carver foi alterado defensivamente por meio de diferentes relacionamentos com cada um dos pais. Ele era poderoso no relacionamento com sua mãe e *impotente* com seu pai. O desejo narcisista de estar amando foi substituído pelo desejo de ser mau. Os desejos intensos de Carver por sua mãe e, mais tarde, por seu pai foram substituídos por relacionamentos de raiva com cada um deles.

Se a criança desistir dos prazeres narcisistas, como a grandiosidade e a onipotência, baseados no amor da mãe, o desenvolvimento prossegue de forma otimizada. Em contraste, se as ameaças dos pais são primárias para forçar a criança a renunciar a tais prazeres, a reação da criança pode ser o sadismo. Esta última condição — devida aos ditames de seu pai — parecia prevalecer para Carver quando jovem. Isso predizia seu desenvolvimento futuro, o que era aparente quando adolescente, em que ele confundia suas ambições e ações. Ele oscilava entre a grandiosidade, a autodepreciação e o funcionamento autônomo. Muitas vezes, ele sentia que deveria ordenar o que desejasse, resultando em uma profunda interdependência com seus pais. Isso levou, como veremos, à complexa interação entre grandiosidade, senso de merecimento, genialidade potencial e valores sociais e pessoais de Carver, o que muitas vezes levou à rejeição por parte de seus pares. Ele não entendia essa rejeição e reclamava interminavelmente dela.

Depois de conhecê-lo por vários meses, decidi que Carver não era um narcisista por completo, mas pertencia a algum lugar do espectro. Ele estava aparentemente grato por eu ser sua terapeuta e geralmente chegava na hora e com muita vontade a cada sessão. Ele apreciava tudo o que eu fazia para poder ajudá-lo a entender, mas não me idealizou a ponto de concordar com tudo o que eu dizia, o que era saudável. Embora não se desse crédito suficiente para seu alto nível de realizações, seu profundo desejo de ser aceito em uma universidade de prestígio havia sido concedido, felizmente. Ele esperava que essa aceitação fosse o fim de todas as suas dúvidas, mas não foi. Na realidade, ele ainda se preocupava em conseguir um lugar — em especial socialmente — nesse novo ambiente, onde a verdadeira realeza de todo o mundo estava presente. Seu objetivo era se tornar parte de sua rede internacional, alcançar notas altas e se formar como um potencial candidato de sucesso para cargos políticos. Seu ideal mais alto, entretanto, era ser primeiro um encarregado nas Nações Unidas e depois, uma vez experiente, nomeado secretário-geral. Ele estava muito consciente de que o secretário-geral é nomeado pela Assembleia Geral sob recomendação do Conselho de Segurança e que a seleção do secretário-geral está, portanto, sujeita ao veto de qualquer um dos cinco membros permanentes do Conselho de Segurança. Essas aspirações não eram totalmente irreais, pois ele tinha uma inteligência muito elevada, era excelente em muitos idiomas e provinha de uma família rica. Com grandes expectativas sobre ele, seus pais haviam se assegurado de que Carver viajasse muito.

Apesar de suas viagens e de sua capacidade de viver bem sozinho em países estrangeiros, Carver era muito dependente emocionalmente de seus pais. Ele continuou sendo sobretudo dependente de sua mãe, a qual ele depreciou por não ceder de imediato a todas as suas exigências. Ao mesmo tempo, ele vilipendiou seu pai, do qual sentia medo e desconfiança. Carver via seu pai como mais brilhante do que ele mesmo, grande, ameaçador e, muitas vezes, frio. Como explicado, seu pai era fisicamente agressivo quando ele era jovem. À medida que Carver crescia e seu pai procurou orientação psicológica, este tornou-se mais benevolente e preocupado com seu filho patológico.

Vamos voltar no tempo mais uma vez para compreender plenamente o desenvolvimento emocional de Carver. Lembre-se de que Carver aprendeu a ler e tinha um vasto vocabulário desde muito jovem. Seus pais o testaram e descobriram que ele tinha um QI superior. Daquele tempo em diante, ele foi indulgente e favorecido por sua mãe — mesmo quando nasceram outros cinco filhos. Ele ressentiu-se muitíssimo do nascimento de cada um de seus irmãos porque o surgimento deles tirava sua mãe dele, que de fato o favoreceu, porque ela e seu pai o viam como uma criança prodígio que os destacaria por ter um filho incomum. Carver teve que responder muito cedo às necessidades e expectativas de seus pais e perdeu o contato com sua própria consciência e senso de self. O foco incessante dos pais de Carver em suas habilidades especiais revelou como eles inconscientemente usavam seu dom para satisfazer suas próprias necessidades narcisistas.

Carver estava sobrecarregado sem a oportunidade necessária para simplesmente ser ele mesmo e desenvolver outros aspectos importantes de sua personalidade. Independentemente de suas habilidades, a atenção excessiva de seus pais resultou em uma ferida poderosa em seu senso de self: ele acreditava que só era digno por causa de sua inteligência especial. Além disso, foi-lhe negado limites empáticos, mas firmes, para guiá-lo. Ele perdeu sua capacidade de autocontrolar seus impulsos e sentimentos, desenvolver empatia pelos outros e desenvolver habilidades precisas de observar a si e aos outros. Isso resultou numa ênfase exagerada, tanto por ele mesmo quanto por seus pais, na vantagem competitiva devido às suas conquistas. Desde cedo, o pai de Carver criticava sua esposa por sua empatia, pois ele sentia que o medo era a arma para intimidar e controlar seu filho dotado e descontrolado.

Carver era de fato estranho entre seus colegas. Ele sentia uma sensação de não saber se relacionar com os outros quando era muito jovem. Então, por ter tantos irmãos, ele não queria nem aprendeu a compartilhar e, portanto, tinha dificuldades sociais na pré-escola. Desde aquela idade precoce, como mencionado anteriormente, seu foco estava nele mesmo — além do egocentrismo normal de uma criança pequena. Como pré-escolar, ele destruía os brinquedos de outras crianças sem remorsos.

Uma vez na puberdade, o pediatra de Carver confirmou que ele não estava crescendo num ritmo normal de desenvolvimento físico. Seus pais haviam trazido Carver, com 11 anos, ao consultório porque ele era substancialmente mais baixo do que seus colegas de classe e seu crescimento parecia ter diminuído nos últimos anos. O médico concluiu que Carver tinha uma deficiência de crescimento e recomendou a administração gradual de um hormônio de crescimento durante vários anos para que Carver atingisse a altura normal. Essa opinião foi compartilhada por um endocrinologista pediátrico. O pai de Carver, que era médico, queria o protocolo de hormônio de crescimento porque desejava que Carver fosse atlético. A mãe cedeu passivamente ao desejo do pai de seguir com a recomendação médica. Naturalmente, para Carver, isso significava que ele era fisicamente inadequado, confirmando seus piores medos sobre sua aparência. Embora ele tenha se tornado um adolescente alto e bonito, Carver mantinha internamente a imagem corporal de um menino baixo que era deficiente em sua aparência e não estava à altura de outros rapazes de sua faixa etária.

Quando adolescente, Carver repreendia e competia com seus dois irmãos mais próximos por qualquer atenção de sua mãe. Eles eram meninos fisicamente atraentes, embora não tão inteligentes como Carver. Ele os insultava, culpava-os por não atenderem às suas exigências e geralmente os traumatizava com sua difamação vingativa constante. Essas duas crianças realmente sofreram muito com seu abuso verbal. Ele via as outras, suas irmãs mais novas, como muito jovens para serem importantes, mas ele ainda sentia que sua mãe e essas meninas eram muito apegadas umas às outras.

Vamos voltar à mãe de Carver por um momento para aprofundar nossa compreensão de sua situação familiar. Ela era uma mulher errática, impulsiva, muitas vezes frenética, mas aparentemente empática, que não sabia como controlar seus filhos e esperava respeito. Ela estava sobrecarregada — desde o primeiro nascimento até o último. Ela foi rebaixada pelo marido por não estabelecer limites, por se entregar aos filhos e tentar desesperadamente ser uma boa mãe que atendia às necessidades deles, mas estas se transformaram em exigências que a superavam. Ela tinha sentimentos vingativos para com aqueles que feriam seus filhos de qualquer forma e era propensa a ser inapropriadamente superprotetora, agindo de forma rancorosa e antissocial como resultado. (Por exemplo, quando Carver foi provocado por ser pequeno por volta dos nove, dez anos, ela foi à escola e se encontrou com o diretor, descarregando sua fúria sobre outros pais de forma inadequada, em vez de ajudar Carver a lidar com o bullying para garantir sua autoestima.)

A mãe de Carver veio de uma família na qual tinha irmãos e pais antagônicos que eram instáveis. Entretanto, como uma jovem adulta, ela era uma contadora bem-sucedida até conhecer seu marido, um médico que preferia que ela ficasse em casa para cuidar de seus muitos filhos: seu filho mais velho, Carver; dois filhos em seguida; e três filhas mais novas. Ela não protestou contra esse desejo porque também queria ser uma excelente dona de casa. Admirava e criticava seu marido; ele era um provedor superior e bem-sucedido em seu campo de atuação, mas, como pai e cônjuge, ele era pouco empático e hipercrítico. O pai de Carver era uma presença vigorosa, poderosa, altamente competitiva e irascível em relação ao seu filho mais velho.

A mãe de Carver nunca hesitou em dizer a ele que temia não ser uma boa mãe. Ela o via como um pai consolador para ela, o que ele não era, assim como sua mãe real não era. Ela expressava sua necessidade de que ele dissesse que a amava. Ele tinha dificuldade de ser externamente compassivo com ela em tais momentos, mas parecia comovido com as necessidades dela. Ainda assim, Carver frequentemente a depreciava por procurar compaixão por parte dele. As preocupações malsucedidas dela com o fato de ser uma boa mãe parentificaram-no. (Uma criança parentificada é aquela cujo papel é invertido com sua mãe ou pai, na medida em que ela é vista como pai ou mãe de seus pais.) Isso não ajudou Carver a se sentir melhor. Na verdade, como um adolescente, berrava e praguejava com vigor a ambos os pais. Carver frequentemente os tratava como se eles não existissem como pessoas com necessidades e sentimentos.

Sua agressividade era usada para se defender contra seus sentimentos de vulnerabilidade e impotência. Era sua defesa automática e primária contra as lesões e humilhações narcisistas. Sua necessidade de obter o envolvimento dos pais refletia a intensidade dessa raiva. Com o tempo, a agressividade foi usada em sua busca por fantasias grandiosas de onipotência. A raiva e a desvalorização de seus pais e irmãos transformaram a passividade em atividade; subconscientemente, ele esperava defender-se de seus anseios de intimidade que ameaçavam reativar sentimentos de desamparo e desespero. No entanto, ele nunca foi longe demais porque não queria afastar nenhum membro da família a ponto de não conseguir mais restabelecer uma sensação de conexão amorosa.

Carver muitas vezes chorava amargamente quando sentia que sua mãe não o compreendia. Ele relatou soluços no final da adolescência e no início da vida adulta, quando suas necessidades não eram atendidas. No entanto, sua mãe só se sentia manipulada por esses choros, e talvez por isso ele tenha sentido o vazio na presença dela, em vez da tranquilidade que buscava. Esse choro não foi catártico nem liberou sua dor. Ele sabia que sua mãe suspeitava de seu significado, mas protestou para mim que era autêntico e sentiu muita dor com a desaprovação dela. Entretanto, ele notou que um irmão mais novo chorava no ombro de sua mãe enquanto piscava para Carver, sugerindo que entendia como o choro poderia ser um meio de explorar sua mãe. Por outro lado, ele se sentiu manipulado por sua mãe quando ela chorou para ele e procurou sua consolação não correspondida.

Vamos considerar o que alguns especialistas dizem sobre o choro:

> O choro pode ser considerado um tipo primitivo de verbalização. Atribuir significado às diferentes experiências do choro requer o envolvimento ativo de outro. Chorar é uma demanda de ação por parte do outro. É uma comunicação direta e às vezes complexa entre o eu e o outro (ALEXANDER, 2003, p. 28).

Foi o caso tanto para Carver como para sua mãe, o que nunca foi satisfatório nem para um, nem para o outro.

Martin (1964) observa que as mães inexperientes ou ansiosas tendem a interpretar o choro como uma necessidade de uma boa alimentação. Ele sugere, no entanto, que em muitos casos a criança que chora pode estar fazendo uma tentativa de restabelecer o equilíbrio psíquico. Martin prossegue descrevendo como a restauração do equilíbrio psíquico é estabelecido por meio do contato físico e psicológico com a mãe e a relação com o eu. A experiência é a de uma "boa alimentação" metafórica. Uma "boa alimentação", no sentido clínico, pode ser vista como sinônimo da necessidade de uma conexão, tanto com o "eu" quanto com o "outro" (ALEXANDER, 2003, p. 28).

Essa descrição parece apropriada para Carver e sua mãe, tanto quando ele era criança quanto quando já era adolescente. Quando ele chorou suavemente comigo, no entanto, eu senti compaixão, não manipulação, o que acredito que ele conhecia. Eu senti que ele tinha compaixão e reconheci que minhas reações foram diferentes às de sua mãe que chorava, o que contribuiu para o crescimento de seu self mais coeso e de seu equilíbrio psíquico durante nossa terapia. Essa foi uma nova experiência para Carver, que colocava seus pais na "geladeira" quando não respondiam aos seus soluços, não recebendo seus telefonemas e mensagens durante dias enquanto ele estava na universidade. Essa foi sua tentativa de assustá-los e deixá-los sentir um pouco do que ele sentia; foi uma projeção da falta de vida e da falta de resposta que ele sentia deles como um de seus filhos. A impotência que ambos os pais evocaram em Carver por não responder resultou nessa retaliação raivosa. Em um caso, ele esperava que eles viessem para o fim de semana dos pais, enquanto ele teria viajado para outro estado, deixando-os ansiosos por ele em sua fantasia. Se não conseguisse encontrar gratificação por meio do amor deles, ele a encontraria pelo exercício de sua agressão. As fantasias furiosas eram suas tentativas de compensar o medo e o desespero de não se sentir amado.

As primeiras sessões de Carver foram "felizes em culpar seus pais por não atenderem a *todas* as suas necessidades". Ele confundiu suas aspirações com ideais realistas e uma avaliação precisa de sua autoestima. Ele não era exigente comigo, mas me categorizava como "salvadora" porque ele se sentia muito compreendido por mim. Minha empatia por suas dúvidas sobre si mesmo foi a chave para nosso relacionamento. Sentir-se compreendido por um adulto era novidade para ele e acredito que isso o mantinha querendo vir para o tratamento. Acredito que ele também pensou que eu poderia mudar seus pais de alguma forma para que eles gostassem mais dele e cedessem a seus desejos.

Ao contrário de outros pacientes narcisistas, ele não me idealizou ou me colocou em um pedestal, mas dependia de mim para ouvir atentamente cada palavra sua e ser compassiva com as brigas e os desentendimentos com seus pais e irmãos. Ao contrário dos narcisistas, ele pode sentir brevemente empatia por seus irmãos depois de depreciá-los, sentindo algum remorso depois de se identificar com a vitimização deles. Ele era manipulador ao mesmo tempo, descrevendo abertamente suas motivações para conseguir o que queria a quase qualquer custo e sua incapacidade de entrar em relacionamentos saudáveis com seus pares.

Acreditei que essa mistura de atributos de autoabsorção com sua vulnerabilidade auto-observada, sobre a qual ele poderia ser franco, o tornava maleável à mudança (com um período significativo de tratamento). Assim, essa mistura de características lhe deu um possível prognóstico positivo em longo prazo. Entendi seu abuso dos irmãos como inveja da atenção por parte da mãe, bem como sua tentativa de sentir algum senso de superioridade, poder e controle na família. Com os irmãos terceiro e quarto, por ordem de nascimento, ele tentava fazer parecer que eles sempre foram o problema, e não Carver.

Era significante sua sofisticada crença de que ele não tinha um senso de self principal; ele era o que os outros queriam que ele fosse. Ele se sentia moldado por seus pais como o filho mais bem-sucedido, mas se sentiu incapaz de reconhecer as exigências do pai também para o atletismo. Tomar o hormônio de crescimento o ajudou a parecer um atleta em potencial, pois ele cresceu até um metro e oitenta, mas os esportes competitivos não chegaram a ele naturalmente — para a grande decepção e crítica do pai. Quando criança e adolescente, ele passou a maior parte de seu tempo sozinho, lendo e brincando com seus brinquedos prediletos inventados. Ele criou pequenos ambientes em sua casa para paz e consolo, tal como uma árvore crescida em seu quintal, onde ele poderia comer petiscos e ler com um senso de harmonia.

A excessiva indulgência de sua mãe, aliada à agressão de seu pai, exacerbou as vulnerabilidades temperamentais de Carver. Seus pais certamente não ajudaram a modulá-las. Além disso, a falta de interação adequada com eles o impediu de desenvolver as habilidades sociais necessárias para conviver facilmente com os outros. Seus pais foram incapazes de diminuir sua predisposição temperamental e prepará-lo para a arena social mais ampla ou para ter interesse e prazer suficientes em suas habilidades de uma forma que o ajudasse a desenvolver um orgulhoso senso de competência e pertencimento ao mundo. Isso o fez sentir-se como um estranho solitário em casa e na escola, o que precipitou dolorosos sentimentos de dor e raiva.

Vamos considerar o pai de Carver agora. Ele possuía traços narcisistas também. Criado por uma grande família muito próspera, ele foi o filho favorecido. Trabalhava na mesma clínica médica que seu pai, ao contrário dos outros filhos e filhas, que seguiram por conta própria (alguns com sucesso, outros com dívidas e vícios). Ele desenvolveu muitas amizades masculinas devido à sua proeza atlética enquanto crescia e era capaz de manter amizades casuais com outros casais como um homem casado. Ele e sua esposa frequentavam um *country-club*, mas não sentiam necessidade de estar nos mais elevados ou prestigiados grupos sociais, diferente de Carver, que se ressentia por isso.

Eu vi meu papel terapêutico inicial como um espelhamento das necessidades de Carver para que ele se sentisse compreendido e cuidado. Isso era novo para ele, que parecia apreciar de verdade meus esforços. Ele sabia que também era verbalmente agressivo com seus irmãos e sua mãe, mas havia confundido os sentimentos sobre eles porque sentia que mereciam suas reclamações agressivas. Carver acreditava que sua mãe deveria estar acessível para ele em todos os momentos, o que o fazia invejar e sentir-se vingativo com seus irmãos por tomar o tempo de sua mãe — especialmente os dois meninos mais velhos, que nasceram depois dele e cresceram sem qualquer intervenção médica. Ele despejou sua fúria sobre ela, amaldiçoando-a descaradamente, um ato que a dominou. Um pouco da raiva narcisista que ele sentia pela mãe ia para as irmãs. Minha interpretação disso foi que ele estava tentando diminuir a raiva pela mãe para que ela não o rejeitasse totalmente.

Com relação aos irmãos que tinham quase a mesma idade, ele só tinha desprezo. A respeito dos pares, ele permaneceu solitário durante a maior parte do tempo. Quando Carver estava com eles, tentava agradá-los; no entanto, nunca se sentiu apreciado ou incluído de verdade. Sentir-se desesperadamente só em tristeza fortaleceu seu narcisismo, enquanto ele se refugiava em fantasias grandiosas de ser único e especial. Seus estados de ânimo se alternavam de forma dramática entre a grandiosidade e a insegurança. Quando era o centro das atenções, ele se sentia muito acima e, o oposto, quando se sentia ignorado, ele se sentia deprimido. A difamação sutil da mãe sobre o pai e o fato de ela oferecer a ilusão de que Carver era o filho preferido foi uma forma de sedução que encorajou a grandiosidade e o senso de merecimento. Isso contribuiu para sua dificuldade de se identificar com seu poderoso pai autoritário e confundiu os limites geracionais.

Embora Carver acreditasse, de forma consciente, que sua mãe o preferia a seus irmãos, seu senso de self (construído sobre essa fantasia) era muito frágil. Suas inseguranças, seus sentimentos de inatratividade e sua necessidade de constante admiração sugeriam que ele nunca tinha certeza de que era realmente admirado; ele não era apreciado por si mesmo, apesar da atenção da mãe. Sua experiência do self era que ele não era seu próprio ser, mas o que sua mãe precisava para percebê-lo (ou seja, seu filho brilhante, embora incontrolável). Isso pode tê-lo levado a sentimentos paradoxais e conjuntos de onipotência e desamparo.

Além disso, a intrusão da imagem que ela tinha dele criou um sentimento irreal de ser especial e deve ter afetado seus valores e senso de self. Entretanto, a identificação do pai ou a projeção de sua própria especialidade em seu filho deve ter aumentado a grandiosidade de Carver. Como ambos os pais supervalorizaram suas realizações, ele se preocupou por não ser amado o bastante por si mesmo e não conseguir controlar seu ambiente.

Essas intrusões das necessidades dos pais interferiram na gradual desistência de sua onipotência natural. Os pais não proveram frustrações e gratificações adequadas à idade, mas, em vez disso, imporam aspectos deles mesmos sobre Carver, esperando pelo preenchimento de suas próprias necessidades inconscientes. Isso não permitiu que ele tivesse o desenvolvimento gradual de seus sentimentos, o que, em última instância, levaria ao estabelecimento de um self mais autônomo. O desnível marcante em seus sentimentos, tanto onipotentes quanto indefesos, expressou o que é característico de um transtorno narcisista.

Ao contrário dos narcisistas, porém, Carver ainda podia sentir empatia temporária pelos outros, permanecendo manipulador e incapaz de ter relacionamentos saudáveis. Tanto para seus pais quanto para mim, não ficava claro quando ele sentia remorso genuíno. Muitas vezes, ele se sentia falso. Ele me disse abertamente que mentia a seus pais, então não havia razão para eu não desconfiar que ele mentia para mim.

A princípio, seu aproveitamento da nossa relação terapêutica foi reconfortante para mim. Ele raramente mostrava indiferença a mim se perdia uma sessão e sabia que eu havia esperado por ele. Por exemplo, ele me pediu muitas desculpas por dormir durante uma sessão. Carver parecia sincero em seu desejo de não me machucar ou de me causar qualquer incômodo, mas eu não poderia dizer se isso foi uma manipulação para ficar a meu favor. Não estava claro se eu poderia ser percebida como um indivíduo separado ou apenas como uma extensão de seus próprios desejos e necessidades. Somente quando eu aceitei suas ausências agressivas periódicas de forma consistente (ele negou qualquer agressão contra mim) ele pôde tolerar a ideia de que eu era um ser humano separado e autônomo fora de sua órbita narcisista. Eu precisava ajustar meus comentários de uma forma que ambos reconhecessem a necessidade de fazer o que ele queria, desconsiderando os outros, e sugeria que ele também poderia se importar comigo e com o que eu sinto. Cada vez que ele faltava a uma sessão (especialmente após minhas férias), nós discutíamos minha separatividade e minha vida exterior. Ao ajudá-lo a perceber que estava tudo bem, criei um lugar onde seu valor era reconhecido e sua capacidade de ajudar a guiar o tratamento estava intacta. Eu estava tentando fazer com que ele soubesse que o comportamento externo às vezes pode comunicar o que os pensamentos e sentimentos não captam bem. Eu estava tentando mostrar a ele que respeitava seus desejos, que às vezes pareciam pedidos para que eu controlasse as decisões de seus pais sobre ele, enquanto também lhe oferecia a oportunidade de explorar seus sentimentos subjacentes. Dessa forma, eu queria mostrar-lhe que eu não era uma versão de seus pais, mas uma nova e única pessoa terapêutica na qual ele podia confiar — a qual ele não podia controlar.

Carver não namorava muito. Como muitos jovens adolescentes, ele saía em grupos sociais que eram usados para reconhecer e preservar sua imagem grandiosa desejada. Seu final da adolescência mal se diferenciava de seus anos de infância. De seus pares, ele queria atenção excessiva e era agressivo com quem não satisfizesse suas exigências de uma só vez. Como resultado, se viu desgostoso e vivendo uma vida solitária. Ele buscou conexões inadequadas com seus colegas fazendo boatos sobre os outros, esperando, com isso, algum controle e poder e, inadvertidamente, fazendo o mesmo com os que estavam em busca de vingança contra ele por suas atitudes. Ele cometia o equívoco de acreditar que, se confiasse em uma pessoa que outra rebaixou, ganharia favores e amizade. O tiro saiu pela culatra mais de uma vez quando descobriram que Carver os havia traído. Em vez de se tornar parte da rede de colegas, o que esperava conseguir por meio de fofocas, ele era odiado por todos os envolvidos e frequentemente excluído.

Carver tinha inveja patológica de outros que tinham fama e fortuna. Ele desconfiava dos garotos atléticos que conquistavam um público que ele não conseguia alcançar. Também desejava fazer parte de grupos de colegas cujas famílias eram ainda mais ricas do que a sua e se sentia menosprezado porque ele não conseguia alcançar o poder aquisitivo deles. Discutia continuamente com seus pais sobre quanto ele poderia gastar. Entretanto, ele falava mais de arrependimento do que de culpa para com seus pais por sua falta de riqueza e proeminência ainda maiores.

Com seus romances limitados, Carver ficava radiante quando alguém que ele respeitava gostava dele. Seu relacionamento mais longo durou cerca de quatro meses na faculdade e sua companheira o achou menos importante do que seus outros interesses. Esse foi um golpe devastador para Carver, que não conseguia entender o que ele havia feito de errado. Embora a rejeição de sua namorada tenha sido feita com respeito, ele se via como um perdedor. Por causa de sua frágil autoestima, Carver só se via como um vencedor ou um perdedor — nada no meio. Perder esse relacionamento equivalia a sentir-se destruído e foi uma ocasião propícia para ataques de fúria. (É digno de nota que essa separação vencedor/perdedor foi gradualmente modificada durante o curso de seu tratamento, como veremos.)

Quando alguém procurava sua companhia, Carver duvidava de sua veracidade, projetando sobre eles sua própria falsa genuinidade. Isso o deixava sempre duvidoso, obsessivamente preocupado e propenso a ataques de pânico, devido às potenciais autorrecriminações por acreditar na autenticidade de alguém como amigo ou parceira em potencial quando se tratava apenas de um conhecido casual. Ele olhava para essa pessoa em potencial como um preenchimento de sua necessidade de suprimentos narcisistas, apenas para se sentir esvaziado quando ela não cumpria sua esperada promessa de conexão. Ao contrário do verdadeiro narcisista, que na superfície sente que sua grandiosidade é merecida, Carver sentia que estava patologicamente conectado com outros e, a princípio, ele não sabia como resolver esse enigma que o fazia sentir-se tão impotente, hipervigilante e necessitado de terapia.

Parte da situação era devido ao relacionamento com seu pai, que, embora amasse de verdade seu filho, tinha pouca tolerância com o senso de merecimento de Carver. Ele com frequência ameaçava expulsá-lo de casa. Eram ameaças indolentes, mas Carver não sabia disso. Uma vez, ele de fato atacou fisicamente seu filho, atirando-o no sofá, e depois saiu do quarto.

O menino levou muito tempo para aprender quando o pai estava falando sério e quando estava blefando, mas ele acabou aprendendo a tática das ameaças indolentes: ele ameaçava a mãe com gestos suicidas que ele nunca pretendia fazer. Dessa forma, conseguiu controlar sua mãe assustada, que se colocaria a seu lado. Sentia-se no direito dessas explosões agressivas; ele as via como merecidas vinganças por ela nem sempre estar disponível para ele no momento em que quisesse.

O pai de Carver usou o traço narcisista de se recusar a falar, ou o tratamento silencioso, com a esposa e o filho. Ele não quis falar com nenhum deles durante dias após uma discussão. Isso deixou Carver profundamente ferido e excluído da vida de seu pai. A patologia de seu pai o impediu de entender o que as ações dele faziam com o filho. Quando Carver quis se comunicar, seu pai só desacreditou os desejos dele, dizendo muitas vezes que, se houvesse uma discordância, então não poderia haver diálogo. Os sentimentos de impotência de Carver aumentaram ainda mais com os elogios intermitentes do pai ao seu brilhantismo. Os únicos momentos em que eles conversavam eram no âmbito da política, que não tinha a intimidade que Carver desejava de seu pai, embora subjacente às suas discussões estivesse seu interesse comum no poder e controle. Em muitas dessas conversas, o pai elogiava primeiro o pensamento do filho, depois desacreditava seus pontos de vista.

O trauma durante seu crucial desenvolvimento precoce prejudicou o crescimento de sua personalidade subsequente, levando a um self ferido que ansiava pela adulação da qual ele foi privado por seus pares, seus irmãos e seu pai. Suas principais defesas narcisistas eram um desejo de admiração e controle sobre seu ambiente. Uma vez na faculdade, ele buscava uma corrente contínua de admiração para apoiar seu self grandioso com intuito de lidar com sua baixa autoestima subjacente. Ele ruminava excessivamente sobre ser parte de uma sociedade internacional que era uma fraternidade, algo que ele considerava mais importante na universidade; ele via a adesão a essa organização como uma rede futura para suas ambições. Ao não conseguir essa aceitação, caiu em uma depressão de curta duração, devido à terapia. Como resultado do tratamento, ele buscou com resiliência outras conexões e fontes de admiração de forma bastante rápida. Isso marcou um progresso significativo. Embora se sentisse traído, ele era engenhoso o suficiente para procurar outros a fim de se sentir parte de algo (em vez de se ver apenas como um perdedor indefeso). Esse foi um sinal importante. Ele também começou a se perguntar se esperava demais e se era egoísta — outros sinais de progresso.

Arabi (2017) aponta que "a dor emocional nos mantém presos e exaustos, incapazes de escapar do sistema hormonal de estresse sempre em chamas que gera sinais muito tempo após o fim da ameaça" (p. 159).

Para Carver, isso foi verdadeiro em relação ao relacionamento com seu pai. Sua resposta ao estresse do pai foi espelhada na relação agressiva de Carver com seus dois irmãos, que desejavam comunicar-se com ele, mas em vão. Assim, prevaleceram os ciclos geracionais de desamparo aprendido e comunicação sádica. Nesse cenário, eu via Carver como um abusador verbal (em relação aos irmãos e à mãe) e uma vítima. Essas circunstâncias resultaram em uma persistente ansiedade social ao buscar relacionamentos na universidade.

O núcleo do conflito interno de Carver perpetuava a perda da simbiose bem-aventurada com sua mãe. Isso foi extremamente doloroso e foi a base para sua busca pela perfeição narcisista — de uma forma ou de outra. Sua ilusão de perfeição foi adquirida por um preço doloroso, a perda da realidade, levando a um sentimento interno de vergonha e humilhação, que se tornou uma parte central de sua emergente identidade. Em contraste com a culpa, a vergonha é uma resposta emocional a uma sensação cognitiva de fracasso ao tentar atingir ideais e noções fantasiosas de perfeição. A vergonha era sentida sempre que suas deficiências eram expostas aos colegas. Carver confidenciou-me que experimentava perda de autoconfiança cada vez que olhava para seu reflexo no espelho. A sua real falta de estatura teve um efeito profundo em seu senso de identidade interno excessivamente grandioso. Restabelecer e reparar sua auto-estima ferida tornou-se a tarefa central de sua terapia. Originalmente, ele veio para a terapia com esse objetivo, projetando seu autoconceito de vergonha na mãe e nos irmãos.

Recorde que há dois aspectos paradoxais ao narcisismo: a grandiosidade e a inferioridade. Para entender melhor este último como manifestado por Carver, vale a pena revisitar Arabi (2017):

> Há uma subestimação dos efeitos de agressão verbal e ataques psicológicos contra um indivíduo que apresente um grande componente de abuso narcisista [...]. O que as pessoas não entendem é que a mesma química cerebral que é ativada quando sentimos dor física pode ser ativada quando sentimos uma dor emocional. Agressão verbal e rejeição social de qualquer tipo podem doer de forma muito

semelhante a um abuso físico [...]. De acordo com a pesquisa [...], os mesmos circuitos associados à dor física podem ser ativados pela dor emocional, assim como pela exclusão social (p. 159-160).

O dr. Martin Teicher (2006) destaca as crescentes evidências de que o abuso verbal na infância pode mudar a forma como um cérebro é conectado, aumentando o risco de ansiedade e ideação suicida na vida adulta. Há uma pesquisa correspondente que confirma que as agressões verbais dos pais podem, de fato, levar a mudanças no cérebro (CHOI *et al.*, 2009; TEICHER, 2006).

Isso pode ser responsável pela desregulamentação emocional que Carver exibiu como criança e adolescente: seus sentimentos de não ser digno de inclusão por seus pares. De modo possível, seu "cérebro [tinha] literalmente sido prejudicado pelo estresse do trauma e pela conexão entre os aspectos 'racionais' do [seu] cérebro e os aspectos emotivos" que eram deficientes (ARABI, 2017, p. 161). Isso levou a uma crítica interna mais intensa, que se entregou a um grau significativo de autoconferência negativa excessiva que permeou seus pensamentos e emoções cotidianos.

A história de Carver é sobre um menino criado para ser especial por pais que desde cedo não o ajudaram a desenvolver uma mente interna saudável. Sua necessidade de engrandecimento, apesar de seu senso simultâneo de inferioridade, o levava a idealizar outros que ele considerava dignos de sua adoração.

Faminto de ideais, ele se esforçou para estar com líderes dos quais ele poderia receber admiração em troca. Esses incluíam quem ele considerava muito em seu mundo de status, como os políticos que viviam na Casa Branca, onde ele seria enaltecido internacionalmente como um líder das Nações Unidas.

À medida que Carver foi envelhecendo, sua experiência terapêutica comigo lhe ofereceu uma auto-observação mais precisa. Em seu primeiro ano na faculdade, havia sinais significativos de mudança em direção a ambições e relacionamentos narcisistas normais. Ele fez amizade com colegas que eram menos conscientes do status do que aqueles que ele buscava anteriormente. Ele finalmente sentiu que gostavam dele por quem ele era. De fato, devido à minha persistente compreensão dele, outros também se relacionaram de forma positiva porque ele tinha se tornado capaz de empatia e de engajar os outros de uma forma mais gentil. Essa foi uma enorme mudança. Ele também estava desenvolvendo um plano mais realista para seu futuro que incluía uma intenção de estudar duro como sempre, mas com o objetivo de ensinar em uma faculdade de Direito, em preparação para objetivos políticos mais pacíficos.

Seu relacionamento com os pais também estava mudando. A conexão com seu pai, em particular, foi de respeito mútuo. Ele também viu a mãe de forma mais realista no que diz respeito às suas vulnerabilidades, observando uma repetição de seus antigos confrontos com ela sendo realizada com os irmãos mais novos. De modo geral, foi evidente um progresso notável quando ele era mais capaz de observar o comportamento dos outros sem ser reativo e impulsivo.

Minha esperança era que ele fosse capaz de viver uma vida de introspecção, levando a uma autoaceitação ainda maior por seus verdadeiros traços autênticos e ambições, sem a necessidade do constante reconhecimento de outros a quem ele idealizou. Ele não estava mais preso metaforicamente na segunda fase psicossocial da vida de Erik Erikson (1950): vergonha e dúvida contra a autonomia. Essa fase, em geral, ocorre entre um ano e meio e três anos de idade. As crises psicossociais significam os conflitos entre as necessidades do self e das necessidades da sociedade que Carver tinha psicologicamente aprisionado. Ele estava aprendendo a manter um equilíbrio saudável entre o interesse em si mesmo e nos outros. De certa forma, ele poderia desenvolver a relação de amor íntimo no casamento e na família que ele ansiava por muito tempo, com suas ambições. Ver o desenvolvimento de seu self grandioso se transformar em um mais apropriado para a sua idade, que o ajudasse a ver o mundo e as pessoas de uma maneira menos onipotente e assustadora, foram os objetivos de seu tratamento que acabaram sendo conquistados.

Esse complexo jovem e seu complicado tratamento se aplicam a outros como ele. O leitor pode se relacionar com algumas das características de Carver ou de seus pais e não desejar repetir essas experiências com seus próprios filhos. Espero que ao ler sobre Carver (e os exemplos adicionais nos próximos capítulos), os leitores possam reconhecer essas características em si mesmos e em seus filhos que *precisam* mudar e depois utilizar as informações fornecidas para criar uma vida familiar mais saudável.

CAPÍTULO CINCO

A incompatibilidade romântica narcisista

Clive e Laura

A história do namoro e casamento de Clive e Laura oferece um exemplo de como o homem narcisista é muitas vezes acompanhado na patologia por uma parceira que precisa do que seu egocentrismo proporciona a ela. Eles se conheceram em uma lavanderia perto de seus apartamentos durante a faculdade e foram casados por 35 anos. Clive era um verdadeiro narcisista e desde o início foi atraído pela personalidade empática, impressionante e confiável de Laura. Após alguns encontros, ele propôs uma relação exclusiva devido à aparente adoração por ela. Esse foi o início de um relacionamento de manipulação em que Laura era levada a acreditar que ela era excepcional aos olhos de Clive, enquanto ele encontrava nela a empatia de que precisava para atender a todas as suas demandas de admiração e submissão.

Na verdade, Laura era bastante inteligente e capaz. No entanto, após anos de críticas dos pais e de convivência com uma mãe narcisista, ela tinha uma grande dose de dúvida sobre suas capacidades, o que a impediu de ir à faculdade, porque, apesar de ter sido aceita, ela temia sair de casa e ir em busca de seus talentos. Desconhecendo suas motivações inconscientes, ela se apegou a Clive — aos desejos e sonhos *dele*, não aos dela.

A mãe de Laura se colocava em primeiro lugar. Embora fosse uma boa dona de casa, ela era preocupada com a aparência e propensa ao vício. Seu pai — um trabalhador braçal dedicado — era com frequência grosseiro com a filha. Infalivelmente, a mãe de Laura sempre a fazia lembrar que sua irmã mais velha era a criança mais inteligente e promissora. Essas relações com a família deram a Laura uma estimativa pobre de suas habilidades, então, quando ela conheceu Clive (o rapaz confiante e charmoso que, de modo brilhante, tomava conta de qualquer ambiente e sempre se tornava o centro das atenções), ela se sentiu especial pela primeira vez em sua vida. Sentir-se parte daquela poderosa fachada era como magia para Laura, uma aceitação e um sentimento de ser unicamente desejada que ela nunca tinha experimentado antes. Ela aceitou as necessidades narcisistas de Clive assim como ela havia aceitado a autoabsorção egocêntrica de sua mãe.

Clive era o exemplo perfeito de "menino de ouro", criado por dois pais com muito carinho. Mais do que seu filho favorito (Clive tinha dois irmãos mais novos), eles o criaram de uma forma que lhe ensinou que tinha poucos pares em seu mundo de excelência. Isso os levou a oferecer experiências complexas a sua criança brilhante, de quem viriam muitas realizações notáveis e excepcionais. Tanto seus pais quanto suas realizações singulares levaram a seu poderoso senso de grandiosidade. O narcisismo essencial de Clive foi fundamentado no próprio narcisismo de seus pais. Isso contribuiu de forma decisiva para a necessidade de criar sua própria rede narcisista de necessidades, que incluiria Laura.

Como manipulador emocional, ele guiou e controlou Laura para se juntar à sua jornada para a autovalorização e grandeza infantil. Ele a fez se sentir distintamente incomum por ser a escolhida dele, dado os talentos precoces e superiores do irmão dela, que a faziam sentir-se inferior. As características narcisistas de Clive fizeram dele uma escolha atraente para Laura, que em geral se sentia confortável no papel de se oferecer, se sacrificar e ser passiva. Ela se sentiu em casa com uma pessoa que sabia como assumir o controle. De sua parte, Clive sentia-se atraído por ela, pois Laura era uma parceira que lhe permitia sentir-se forte, seguro, no controle e dominante. Ela lhe dava devoção, adoração e amor que sustentavam sua necessidade de ser o centro das atenções, receber as glórias e ser o líder da parceria. Ela se tornou a mensageira de sua grandeza, em primeiro lugar *desfrutando* de sua presunção descarada. Laura representava um apoio decisivo a Clive, fornecendo-lhe uma grande percepção de suas habilidades. Clive se sentia completo em sua presença.

Clive queria se tornar o melhor advogado de danos pessoais no mercado. Ele era bem-sucedido. Realmente, excelentes realizações de trabalho são exigidas pelas características de grandiosidade e onipotência porque tais realizações envolvem foco, autoabsorção, exibicionismo e um incansável esforço que muitas vezes sacrifica ou impacta negativamente as relações amorosas. Ser famoso, especial e atrair atenção se torna um modo de vida que é desesperadamente desejado a fim de obter conexões emocionais. Em outras palavras, um talento extraordinário é caracteristicamente nutrido por um desejo desesperado por admiradores que o validem.

Os objetivos e padrões de Clive foram de fato aqueles transmitidos por seu pai. O que lhe faltava era a capacidade de sentir mais do que satisfação de viver de acordo com os padrões de seu pai ou de alcançar seus objetivos. Somente por meio da constante aprovação externada por seus pais que o admiravam ele era capaz de obter uma sensação intensificada de autoestima. Seus anos de crescimento com seu pai o desapontaram severamente, uma vez que a vida profissional dele como um aclamado arquiteto o tornava ausente na maior parte do tempo. Isso resultou em um anseio desesperado de Clive por afeição e reconhecimento do pai, o que ocorria de forma intermitente. Os altos padrões críticos da mãe e a autoabsorção somavam-se à angústia de quando o pai estava ausente.

Portanto, ele tinha uma necessidade de reconhecimento e aprovação dos outros, o que Laura naturalmente acabou lhe oferecendo.

Como sua esposa, Laura se dedicou a ajudá-lo a trilhar sua carreira jurídica com aceitação empática. Como advogado de danos pessoais, seu apoio pode de fato tê-lo levado a seu tremendo sucesso. Em um caso, ele foi aclamado por ganhar seis milhões de dólares. Além de assumir as responsabilidades domésticas, Laura era a contadora de Clive e organizava cuidadosamente suas finanças e seus compromissos. Ela gostava de sua parte no trabalho, para o qual era mais do que capaz.

No entanto, havia uma falha na maneira como ela via seu marido: o advogado de muito sucesso. Por um tempo, ela viu o trabalho que ele fazia para os clientes como altruísta, uma interpretação importante para sua visão particular de mundo. Com o tempo, no entanto, seu papel como esposa e sócia a levou a ver que seu marido via seus clientes como objetos de fazer dinheiro. Ela percebeu isso ao ouvi-lo falar de seus clientes com desdém, nunca os vendo como pessoas que sofriam por causa de perdas reais.

Com seu grande sucesso, sua escrituração contábil não era mais necessária, e ela deixou de trabalhar para ele quando deu à luz seus filhos gêmeos. Dedicada aos filhos, ela acompanhou os esforços do marido para fazer esses meninos gêmeos se destacarem precocemente e seguirem seus caminhos para realizações únicas. Capazes e fortes — e por insistência de Clive — eles foram matriculados na maior escola particular de elite disponível. Eles se destacaram lá, um fato que afirmava a autoimagem de Clive como um pai superior. Os gêmeos eram um bom par para seu grandioso pai, apesar de Laura ter dúvidas sobre o fato de Clive orientar os gêmeos a se envolverem em posições de liderança escolar, em vez de deixarem eles apenas brincarem e serem eles mesmos. Ela sempre sentiu que as crianças deviam ter mais tempo para brincar, explorar e descobrir, mas ela submetia-se às orientações de Clive. O poder da personalidade dele, a inveja persistente e a visão de que os filhos tinham que ser os melhores sobrepujaram o senso dela de como criaria seus filhos se tivesse a oportunidade. Ela sufocou os próprios talentos e tornou-se dependente do sucesso do marido e das crianças em detrimento da própria autoestima — muitas vezes duvidando se ela estava tomando o rumo certo para si e para seus filhos. Ela simplesmente o acompanhou, escondendo suas insatisfações e preocupações com o bem-estar dos gêmeos. Apesar da admiração pela perfeição grandiosa do marido estar um pouco desgastada, ela negligenciava as próprias advertências para agradá-lo. Na época em que os gêmeos tinham dez anos, era tarde demais para mudar o curso de educação deles.

Para quem via de fora, Clive e Laura eram a combinação perfeita. Eles desenvolveram muitas amizades casuais com outros que admiravam seu relacionamento e seus filhos encantadores. Clive e Laura conheciam seus papéis: o narcisista lidera e controla a dança, enquanto a codependente segue e aceita, apesar de suas dúvidas (ROSENBERG, 2013). Ele ficou conhecido como um advogado altruísta que era empático com seus clientes, a quem ele servia bem. Ele ia a bairros indigentes, buscando clientes quebrados cujos casos ele sabia que iriam gerar altos ganhos. Isso o fazia parecer muito compassivo, embora seus motivos fossem pecuniários e expressivos de sua grandiosidade.

O trauma narcisista essencial de Clive foi criado pelas próprias necessidades narcisistas dos pais dele, o que contribuiu decisivamente para que ele permanecesse preso em sua teia narcisista, uma teia magnética parecida com a qual Laura ficaria presa. Era como se ele fosse confrontado com a tarefa de conseguir a internalização indiscriminada de um relacionamento narcisista crônico com Laura, em que ela oferecia seus suprimentos narcisistas necessários.

Laura continuou a ser a animadora perfeita em casa, tal como sua mãe. Ela sempre preparava noites de jogos, dando ao marido um palco para seus conhecimentos superiores durante jogos como *Trivial Pursuit* — embora tenham sido seus esforços que asseguraram a popularidade e o sucesso dele. Ela nunca reclamava dos longos dias de trabalho porque ela admirava os supostos esforços para ajudar clientes a ganhar uma recompensa por seus danos.

Após vinte anos de casamento, Laura começou a sentir crescer um certo tédio e aborrecimento com a contínua suntuosidade de Clive sobre seus dias de trabalho, não apenas com ela, mas com os casais que conheciam que estavam encantados com o sucesso dele. Ela começou a perceber que tinha reprimido seus talentos em prol de seu casamento e estava tornando-se consciente de que também tinha ambições e objetivos.

Clive e Laura também se divertiam muito juntos e tornaram-se confidentes — ou assim Laura acreditava — negando continuamente a unilateralidade dos compartilhamentos. Ele era bem-humorado, conhecedor de uma ampla gama de assuntos e divertido. Seu casamento parecia bem-sucedido, apesar das ocasionais discussões. Entretanto, se Laura não atendesse rapidamente aos desejos de Clive, ele a bloqueava com um agressivo tratamento de silêncio e uma expressão carrancuda. Um de seus traços dominantes era que ele queria estar mais continuamente ativo do que ela, a fim de aliviar o tédio e vazio interior. Ela não percebeu isso e assumiu que ele tinha uma vasta gama de interesses admiráveis que queria explorar.

Laura era ótima em fazer amigos, embora eles nem sempre fossem do status que Clive desejava. Em todo caso, ele sempre buscava impressionar novos conhecidos com suas experiências de vida, encantando muitos casais jovens e velhos com suas extensas realizações. Laura se tornou cada vez mais consciente de que estava cansada de ouvir as histórias repetidas vezes e da necessidade dele de ser o centro das atenções, mas ela aceitou esse padrão pelo seu papel como ouvinte e admiradora atenciosa. Apesar da frustração crescente, ela continuou a agradá-lo e Clive, a controlá-la. Além disso, Laura continuou a achá-lo atraente, pois ele a mantinha perpetuamente atraída por seu encanto, ousadia, sua confiança e sua personalidade dominadora.

Quando se conheceram, ela ficou encantada com o fato de Clive ter ficado em contato quase constante com ela durante o dia todo, enviando mensagens de texto e telefonando com frequência. Com o tempo, no entanto, ela começou a sentir que ele a contatava mais para mantê-la sob controle do que porque a amava. Infelizmente, Laura confundiu seu comportamento controlador com sua lealdade e amor por ela, e começou a se sentir usada e subvalorizada. Uma área de sua vida conjugal que ilustra isso é a relação de Laura com seus filhos. Como tinha mais tempo para estar com eles, ela estava mais perto do que Clive, e ele desenvolveu uma inveja quase contínua de suas relações. Mais empática do que Clive, Laura teve mais tempo para cultivar uma conexão afetiva com os meninos, um fato que o deixou descontente e alienado.

A falsa fachada do marido verdadeiramente dedicado lhe foi revelada inesperadamente um dia, no supermercado local, quando um homem disse a ela que Clive a tinha traído. Quando Laura exigiu saber o nome da pessoa, o desconhecido lhe disse que era o namorado *dele*. Essa foi a mais profunda e mais devastadora dor e decepção de sua vida, primeiro porque soube que Clive estava sendo infiel, depois porque descobriu que ele era gay — ou, mais precisamente, bissexual.

Clive admitiu o caso imediatamente ao ser confrontado. No primeiro momento, Laura acreditava que era um único caso, mas depois de vários meses ela soube que havia pelo menos mais outro.

Laura sabia que estaria perdida a menos que pudesse obter alguma ajuda com essa reviravolta em seu mundo, e ela entrou em contato comigo em busca de terapia imediatamente após saber a verdade sobre o marido.

Primeiro, ela começou a entender que os múltiplos casos do marido eram responsáveis por sua escassa vida sexual — uma situação que ela realmente não se importava e não questionava, em nome da harmonia de seu casamento. Nas primeiras sessões, ela começou a entender que tinha sabotado a si mesma ao escolher um parceiro que ela originalmente apreciava, mas acabou ficando ressentida. Embora tenha sido humilhada, enfurecida e presa num atoleiro, ela inicialmente não queria perturbar sua vida familiar aparentemente tão perfeita. Ela conteve sua vingança e permaneceu com ele, apesar da admissão dele de que tinha casos extraconjugais. Laura esperava que Clive dissesse mais e explicasse suas ações, pensando que eles poderiam começar a criar uma reaproximação que talvez levasse a uma continuação de sua parceria — embora enfraquecida. No entanto, Clive não disse nada de novo para explicar ou esclarecer suas ações, o que era ainda mais frustrante para Laura. A falta de empatia com o impacto que as ações dele tiveram sobre ela foi monumental.

Ao iniciar sua psicoterapia individual, ela começou a fortalecer sua determinação de se tornar mais independente, bem informada e explorar seus talentos. Ela se sentiu culpada ao revelar as falhas do marido, ao mesmo tempo que sentiu o prazer de finalmente ser capaz de encontrar a própria voz. Ele continuou a manipulá-la, prometendo que não teria mais um caso enquanto a enchia de presentes e elogios. Ele não queria o divórcio. Ela também não, mas ficava profundamente dividida porque sentia que tinha vivido e continuava a viver uma mentira, o que era muito contrário aos seus elevados padrões e valores. Ele queria uma família de aparência perfeita e temia perder o amor de seus filhos adultos — que a essa altura já estavam recebendo elogios por suas próprias conquistas, o que o agradava muito.

Durante o primeiro ano depois que Laura descobriu as traições de Clive, seu medo de ficar sozinha nessa fase avançada de sua vida, seu desejo de consertar seu casamento e seu conforto no papel de mártir paciente com amor sem fim dificultou sua situação. Clive recusou-se a responder a todas as perguntas de Laura sobre suas atividades extraconjugais, o que a fez sentir-se desprezada, zangada, excluída e confusa, fazendo-a regredir. O resultado disso foi uma crescente incapacidade de organizar sua vida. Seu dia a dia passou a ficar disperso e ela passou a perder coisas e a não saber o que fazer a seguir.

Os desejos de Laura de dominar sua situação vieram à tona durante as sessões comigo. Minhas perguntas e comentários ajudaram-na a começar a se interessar em desenvolver ideias e atividades que ela poderia dizer que eram dela mesma. Ela iniciou um interesse em aprender mais e ganhar habilidades. Também declarou que queria mais tempo para si mesma, assim como com os amigos que Clive sentia que estavam "abaixo de seu status", mas com quem ela se sentia confortável.

Em suas sessões comigo, Laura culpou Clive por suas traições ao mesmo tempo que o elogiava por seu status excepcional como advogado. Ela não fez nada para macular sua reputação estelar, apesar de todo o mal que ele havia feito com ela. Enquanto ela guardava seus segredos, começou (por meio de nossas sessões de terapia) a perceber que esta era uma manifestação de sua natureza sacrificial, que a havia confundido, levando-a a crer que ele a amava reciprocamente. Um dos comportamentos de Clive que continuou a confundi-la foi a entrega de presentes caros, ato que ele supunha que acalmaria os sentimentos feridos dela. Ela gostou deles, apesar de duvidar de sua sinceridade. Como suas sessões comigo continuaram, as nuvens de confusão na vida de Laura começaram a clarear, mas elas revelaram uma paisagem complexa que no começo a desafiava a encontrar um caminho correto. Enquanto estava de fato desesperadamente confusa e zangada, ela aos poucos se tornava mais autossuficiente e introspectiva. No entanto, Laura estava confusa com o que pareciam ser entendimentos contraditórios, o que dificultou a sintetizar um plano para seu futuro. Foi visitando e revisitando essas complexidades em sua vida que fomos capazes de estabelecer uma ordem em seu pensamento que a levou a tornar-se mais autoconfiante. Seus objetivos e valores estavam agora tomando o centro das atenções, embora ela continuasse a ter dificuldade sobre qual caminho deveria seguir.

Na terapia de Laura, poder e controle eram um tema que ela encenava comigo como uma saída para expressar melhor esse conflito que teve com Clive. Na terapia — a fim de corrigir os sentimentos de vulnerabilidade e danos narcisistas com o marido — ela invertia os papéis comigo: passando de passiva para ativa. Ela faltou sessões após as minhas férias, por exemplo, tendo dificuldades com meu papel de adulta de estabelecer regras para a terapia. Ela me questionava constantemente sobre as sessões agendadas e meu tempo de sessão, e até questionou se deveria vir para as sessões regulares ou vir a qualquer momento, muitas vezes me deixando com um senso de dúvida sobre seus planos, semelhante ao que Clive fazia com ela. Ela queria manter a estrutura da terapia em fluxo para que nenhuma perda pudesse ser permanente — como a perda do casamento que ela achava que tinha há décadas. Embora periodicamente introspectiva, ela tinha dificuldade em ver como estava transformando a terapia em uma reencenação do poder e controle que Clive tinha sobre ela; ela estava tentando ter controle sobre mim, embora sem sucesso.

Laura nunca soube se Clive ainda estava mentindo e traindo, e ele silenciou suas perguntas após as revelações iniciais. Ela com frequência me calava ao divagar — de tempos em tempos dizendo que havia me ouvido, apesar de ela continuar falando. Outras vezes, ela ficava propositadamente quieta e concentrada ao me deixar falar. Essa mulher rejeitada precisava assumir o controle em algum lugar em sua vida, e isso foi na sala de terapia. Laura não queria uma terapia conjugal nem queria que eu conhecesse Clive porque nosso tempo de terapia foi um privilégio e um direito dela; ela nunca mais deveria ser violada da forma como havia sido por Clive. Com o tempo, ela compreendeu as regras e os limites que eu estabeleci e os respeitou, o que a ajudou a sentir e a se comportar com mais controle, organização, sanidade e foco no mundo externo. Os limites reais da terapia resultaram na capacidade de manter limites em sua vida diária.

Pude discutir com Laura sua necessidade de poder e controle próprios, o que levou a uma grande dose de confiança interior cognitiva e afetiva. Ela foi capaz de controlar sua compreensão intelectual da situação — mesmo que ela não quisesse mudá-la, por causa da provável perda da unidade familiar que havia construído. Uma vez que o núcleo da ilusão de Laura (que eu era mais poderosa do que ela) foi compreendido, ela pôde aceitar de forma realista e emocional as realidades desiludidas da vida adulta. Isso lhe deu a verdadeira liberdade que ela precisava para escolher seu caminho com objetivo de seguir em frente. Após um ano de terapia, com meu apoio e interpretações, ela tinha adquirido muita força interior, resiliência e a perspectiva de perseguir suas próprias ambições e objetivos.

Com minha recomendação, Clive concordou em participar de sessões com seu próprio terapeuta. Pelo que Laura me contou, ele resistiu no início. Por exemplo, Clive se submeteu às regras básicas da terapia: que havia uma espécie de tempo final e que seu terapeuta tinha o direito de tirar férias. Como ele sentia que estava sempre presente para seus clientes, acreditava que deveria receber o mesmo respeito e tratamento de seu terapeuta. Ele não estava acostumado a limites que lhe eram impostos e, após alguns meses, suspendeu a terapia, pois estava com medo de ser dependente de alguém que não podia controlar.

O fracasso de Clive em continuar com a terapia tornou-se um poderoso motivador para que Laura fizesse uma mudança significativa em sua vida. A terapia para o marido havia se tornado sua última esperança de que ela pudesse permanecer em um casamento cada vez mais tóxico. Decepcionada, entristecida e zangada, ela pediu o divórcio, pois percebeu que já estava farta.

O exemplo desse casamento demonstra como os danos causados pelo homem narcisista não é imediatamente claro. Laura é um exemplo de uma mulher sem patologia profunda que também tem necessidades que acredita que um homem "forte" pode satisfazer. No entanto, uma vez em um relacionamento, essa mulher foi sendo puxada cada vez mais para baixo, só eventualmente conseguindo a força para se afastar da raiva e do desapontamento fornecido por atos de infidelidade — como Clive fez com Laura com seus casos.

Clive e Laura exemplificam o que o psicoterapeuta Ross Rosenberg (2013) define como manipulação emocional:

> Os manipuladores emocionais interagem com os outros a partir de uma perspectiva que está centralizada em suas necessidades. O seu foco em relacionamentos é geralmente sobre como as pessoas ou situações os impactam e sua esmagadora necessidade de serem reconhecidos e apreciados. Os manipuladores emocionais normalmente exibem uma visão irreal, inflada ou mais ampla de seus próprios talentos enquanto desvalorizam as contribuições ou habilidades de outros. Eles carecem de sensibilidade e empatia em situações sociais e com indivíduos com os quais estão em uma relação (p. 12).

Ele continua a explicar como manipuladores e codependentes combinam, uma descrição que se aplica bem a Clive e Laura:

> Os codependentes e manipuladores emocionais são naturalmente atraídos um pelo outro devido à sua perfeita compatibilidade de personalidades inversas disfuncionais. Nos relacionamentos, os codependentes são patologicamente orientados para as necessidades de outros, ao mesmo tempo que desvalorizam ou ignoram a importância das próprias necessidades. Os manipuladores emocionais são patologicamente orientados para as próprias necessidades

enquanto dispensam ou ignoram as necessidades dos outros. Como os codependentes procuram cuidar das necessidades dos outros e os manipuladores emocionais procuram ter suas necessidades atendidas, eles formam uma parceria bem compatível [...]. A mesma força de atração magnética que os uniu também os juntou em um longo e persistente relacionamento [...]. Porque ambos são intrinsecamente emocionais e psicologicamente deficientes, eles compartilham a crença distorcida de que os outros os farão sentir-se completos. De modo paradoxal, seu relacionamento disfuncional lhes oferece um sentido distorcido de segurança e proteção. Para os codependentes e os manipuladores emocionais, dor e segurança muitas vezes andam juntos (p. 12-15).

Essa foi a situação de Laura, mas, com introspecção e autorreflexão em sua terapia, ela ganhou a percepção de que poderia viver sua própria vida com plenitude, satisfação e orgulho. Reconhecendo suas próprias ambições e objetivos, ela foi capaz de se desvencilhar das rejeições de Clive e proceder para criar uma vida para si mesma que fosse mais recompensante e gratificante.

Uma relação emocionalmente manipuladora pode ser semelhante ao que você está vivenciando em seu próprio casamento. Como Laura fez, você pode querer considerar a possibilidade de buscar ajuda profissional. Veja o capítulo nove para uma discussão de como os cônjuges dos narcisistas podem viver uma vida feliz e saudável.

CAPÍTULO SEIS

Como um casal supera o narcisismo

Wade e Ava

— Eu não sou podóloga! — gritou Ava enquanto puxava a mala de Wade do alto do armário do quarto deles. Normalmente a pessoa mais falante de qualquer ambiente, Wade estava na beira da cama, perplexo ao vê-la abrir a mala e apontar para dentro.

— Ponha suas roupas aqui agora! — exigiu ela antes de sair da sala.

Essa foi a maneira de Ava dizer a seu marido, Wade, que já chega. Na volta para casa depois de um coquetel com os vizinhos, Ava chegou à decisão de que precisava dar um tempo em seu casamento com o marido narcisista. Ele precisava ir embora ou eles não sobreviveriam como um casal.

De volta à casa, em seu quarto, Wade finalmente achou as palavras.

— O que foi que eu fiz? — respondeu ele a ela.

Ava voltou em um instante.

— O que você disse quando aquele idiota perguntou se eu era uma podóloga?

— Eu disse... ahn... "Não, pediatra."

— E então...? Eu te digo — sibilou Ava. — Você disse, em tom de deboche, "Realmente não há grande diferença, no entanto", e então vocês dois tiveram uma boa risada às minhas custas.

Essa não tinha sido a primeira vez que Ava, uma pediatra trabalhadora e bem-sucedida, sentiu-se humilhada em público por seu marido neurocirurgião, que achava que o trabalho que ele fazia era o auge do sucesso no mundo da medicina.

A descrição do casal manipulador/codependente emocional de Rosenberg (2013), no final do último capítulo, aplica-se ao caso de Wade e Ava também. Entretanto, como a interação descrita anteriormente indica, Ava é muito menos dependente de seu marido narcisista do que Laura. Como Laura, Ava desejava que o marido fosse um homem forte e ambicioso, mas quando os contínuos comportamentos narcisistas de Wade cresceram muito no início do casamento, ela reagiu dizendo-lhe para sair por um tempo para que ela pudesse ter uma pausa antes de continuar em um casamento em que ela desejava permanecer. Ele ficou chocado porque seu narcisismo foi severamente abalado pela primeira vez em sua vida conjugal — e pela mulher que ele amava.

Quero passar um pouco de tempo descrevendo quem eram Wade e Ava e como eles chegaram a formar um casal. É importante lembrar que "o resíduo de cada fase de desenvolvimento é incluído na fase seguinte, e, simultaneamente, elementos progressivos prefiguram seu aparecimento posterior durante o período de desenvolvimento anterior" (DEUTSCH, 1987, p. 22). Quero que você tenha isso em mente ao ver como o crescimento de cada parceiro surgiu desde a primeira infância até sua união na vida adulta.

O início da vida de Wade estabeleceu os alicerces para seu narcisismo. Ele era o príncipe herdeiro de sua família (sendo filho único) e foi amado, mimado e satisfeito por seus pais — especialmente por seu pai. Quando tinha um ano de idade, no entanto, Wade sofreu um trauma destrutivo, mas formativo: seus pais se divorciaram. Eles se conheceram muito jovens e mutuamente concordaram que não foram feitos um para o outro para viver juntos durante um longo tempo. No divórcio, a mãe de Wade teve um contato limitado com o filho, casando-se de novo e se dedicando à nova família. Logo, sua mãe, que ele amava, o deixou sozinho com seu pai amoroso.

Em seu desenvolvimento normal, todas as crianças partem de uma fase narcisista na infância, em que elas são o centro do mundo da mãe. Enquanto a maioria das crianças envelhece, elas aprendem que não são as únicas coisas na vida da mãe e começam a desenvolver uma tolerância para ter seu narcisismo natural modificado, que então se torna uma parte saudável de quem elas são.

Esse desenvolvimento não ocorreu em Wade, e ele ficou preso na fase narcisista infantil da qual a maioria das crianças supera de forma natural. Logo após o divórcio de seus pais, Wade raramente via sua mãe e se sentia abandonado. Suas emoções se acentuaram quando ele descobriu que ela havia se casado de novo e logo tivera outros filhos. Sempre que ele via sua mãe com a nova família — o que era raro — ficava magoado por ela cuidar tanto de seus outros filhos e praticamente não lhe dar atenção. A ausência de sua mãe o levou a um apego mais profundo ao seu pai, diminuindo também a importância da mãe em sua vida emocional consciente. Isso trouxe consequências anos mais tarde em seu casamento, como veremos.

O pai dele também voltou a se casar rapidamente, dessa vez com uma mulher com duas filhas, ambas mais jovens que Wade. Dentro de um ano, uma terceira filha nasceu e, em dois anos, uma quarta criança. Em um tempo muito curto, Wade deixou de ser uma criança solitária e adorada para ser uma criança dentre cinco.

É importante observar Wade nesse novo arranjo familiar para entender como seu narcisismo foi desenvolvido e fortalecido. Primeiro, embora agora fosse um de cinco, ele ainda era o único menino — a alegria de um pai que continuava a fazer suas vontades. Seu pai assim o fazia porque sentia culpa pelo fracasso do primeiro casamento e, mais importante ainda, porque ele via Wade como um menino muito especial, um garoto que cresceria para se tornar excepcional em qualquer campo em que ele decidisse entrar.

Embora sempre tenham vivido juntos como uma unidade familiar, os pais e os cinco filhos muitas vezes pareciam ser duas famílias vivendo *juntas*, mas *separadas* sob o mesmo teto. Havia Wade e seu pai, e então havia sua madrasta e as quatro meninas. O pai de Wade era gentil com as meninas, mas era claro que Wade era a estrela de seu show. A madrasta, embora desse apoio em seu desenvolvimento, mantinha alguma distância de Wade porque sua atenção era muito mais direcionada às filhas. Elas eram tratadas com pouca gentileza e perdão pela mãe, que estritamente esperava que elas ouvissem suas ordens. Se não as ouvissem, as consequências eram ter seus cabelos puxados, apanharem e serem punidas — tudo do qual Wade escapou. Nesse sentido, havia uma parte masculina da família e uma feminina.

Wade era egoistamente insensível ao tratamento que sua madrasta dava às irmãs porque ele se sentia muito envolvido com o pai, a quem idealizava. Seu pai era a luz orientadora dos planos e das aspirações de desenvolvimento do filho, que o endeusava. Foi por causa da devoção do pai a ele — seu sonho com a posição de Wade na sociedade, seu amor e sua crença no futuro do filho — que Wade continuou a tolerar bem a ausência da mãe, negando o grave insulto narcisista de seu abandono. Ele conscientemente a desvalorizou como algo sem importância em sua vida, porque o vínculo emocional com o pai era muito significativo. Seu pai o forçou a ser muito extraordinário e especial, uma crença que contribuiu para ele se tornar um célebre neurocirurgião no futuro.

Ava era a mais velha de cinco crianças: três meninos e duas meninas. Por sua mãe ser uma mulher facilmente irritável, Ava aprendeu cedo a "abaixar a cabeça". Uma boa filha, ela ajudava em casa, mas a mãe enfurecia-se porque Ava preferia ficar sozinha em seu pequeno quarto. Seu pai era um capataz de fábrica que trabalhava arduamente e sempre parecia exausto no fim de seus longos dias de trabalho. Um homem silencioso na maior parte do tempo, Ava sabia pouco sobre o pai porque ele adormecia na frente da TV à noite. A família tinha poucos recursos, o que significava nenhuma roupa de grife ou carros chiques. Eles nunca tiravam férias juntos, então as memórias iniciais predominantes de Ava sobre sua família eram de jantares obrigatórios que na maioria das vezes transcorriam silenciosamente.

Ava era dedicada, e o tempo que ela passava em seu quarto era usado para estudos. Ela se formou com louvor em sua classe, o que significa que ela recebeu uma bolsa de estudos integral para a universidade estadual, onde planejou seguir um currículo pré-medicina. Um de seus primeiros sonhos foi se tornar pediatra, e, mesmo tendo que trabalhar em tempo integral para se sustentar, ela concluiu a faculdade de medicina dentro do tempo programado.

Wade era quatro anos mais velho que Ava, e na época em que ela estava no estágio, ele era um colega de neurocirurgia no maior hospital da cidade, onde a conheceu um dia no refeitório. Ela ficou imediatamente impressionada, talvez até maravilhada, por aquele alto, bonito, bem-sucedido e brilhante profissional que era, de fato, a manifestação do companheiro que ela sempre sonhou encontrar. Mesmo que estivesse apenas no início dos seus trinta anos, Wade já tinha estabelecido uma reputação em sua área que estava crescendo mais do que o hospital onde eles trabalhavam. Quando começaram a namorar, ele provou ser uma fonte de conhecimento sobre quase tudo, uma qualidade que realmente encantou Ava porque o único homem que conheceu no começo de sua vida havia sido seu pai, que, na maioria do tempo, permanecia calado. Quando havia companhia, Wade era sempre a pessoa mais eloquente e informada da sala.

Para ela e para muitos outros, teria sido uma surpresa descobrir que o caminho de Wade até esse ponto de sua vida havia sido percorrido por provações. As primeiras experiências de Wade o levaram a desenvolver comportamentos que, na superfície, pareciam torná-lo superlativo, mas na verdade eram tentativas para aliviar sua dor profunda e contínua. Devido aos contínuos elogios sem julgamentos de seu pai, Wade sempre se viu na necessidade de ser o mais inteligente. Uma consequência não intencional disso foi que Wade desenvolveu hábitos que se assemelhavam ao transtorno do déficit de atenção com hiperatividade (TDHA), a necessidade de estar constantemente aprendendo sobre tudo — mas em formas que não tinham estruturas ou limites. Esse comportamento hiperativo também impediu Wade de contemplar seus sentimentos em torno da ausência e do abandono da mãe.

Como universitário, ele seguiu na pré-medicina, mas teve dificuldades — não porque ele não era intelectualmente brilhante o suficiente, mas porque tinha adotado o estilo inicial disperso e desorganizado de "aprender sobre tudo". Em consequência disso, ele tinha um foco deficiente. Embora ele tenha se formado a tempo com uma especialização em pré-medicina, seu histórico era medíocre. Ele foi aceito em uma escola de medicina de segunda categoria, onde ele imediatamente se viu em problemas, sendo reprovado no final do primeiro ano.

Esse desapontamento, no entanto, não dissuadiu Wade. Na verdade, serviu como um estímulo à sua ambição, e ele encontrou uma escola de medicina que permitiu que os alunos prosseguissem no próprio ritmo. Isso lhe servia muito bem, e ele se destacou a ponto de ser aceito em uma residência de prestígio em neurociência. Isso o levou a se tornar um neurocirurgião, significando que ele havia superado seu fracasso inicial pelo próprio esforço, o que só contribuiu para seu narcisismo.

Vamos voltar para Wade e Ava em sua vida conjugal. Eles tinham problemas para desfrutar das realizações um do outro como neurocirurgião e como pediatra. Wade via a si mesmo e a sua destreza cirúrgica como realizações maiores e mais complexas do que o trabalho pediátrico de Ava — apesar da impressionante jornada acadêmica dela no próprio ritmo. Ele via a renda inferior e as horas mais flexíveis dela com desdém, não apreciando os esforços que ela fez para apoiar as famílias das quais ela cuidou (incluindo a deles).

Desde a época em que se conheceram quando ela era estagiária e ele, um neurocirurgião, Wade havia esquecido as cem horas de trabalho semanais do estágio dela e não apreciava a exaustão que Ava sentia. Ela, no entanto, negligenciou isso porque sentiu-se atraída por seu evidente brilhantismo, interesse em aprender uma ampla gama de assuntos e tentativas vigorosas, mas difíceis de concluir seus objetivos médicos, o que ele fez com os longos anos de estudo acima mencionados.

Como observado, vinda de uma família pobre, o que a fez financiar e concluir sua formação médica de forma independente, ela havia se impressionado com o apoio que Wade recebeu da família dele durante seus estudos extensivos e ampliados. Ele, ao contrário, desvalorizava as grandes realizações, a natureza amável e a empatia de Ava para com seus pacientes. Ela até fazia visitas domiciliares — algo incomum na medicina contemporânea.

A necessidade de admiração de Wade era grande. Suas metas e ambições egocêntricas de carreira o impediram de se preocupar em desenvolver um relacionamento com os filhos quando eles eram jovens, o que ele lamentaria mais tarde e tentaria corrigir. Ele invejava a relação da esposa com as crianças, mas não entendia, por exemplo, como sua chegada em casa após o trabalho falando ao telefone e ignorando as necessidades das crianças significava falta de empatia. Sua autoabsorção se manteve; eles podiam esperar por sua atenção, e ele cuidava das próprias necessidades. De certa forma, ele estava imitando, sem saber, o abandono de sua mãe biológica na forma como tratava seus filhos.

Ele desejava viver em um bairro mais seleto porque queria que os filhos frequentassem uma escola mais elitista que causasse uma melhor impressão sobre ele. Era sua necessidade de reconhecimento, e não a educação dos filhos, que levou a esse desejo. Sua esposa não compartilhava desses padrões, dado o seu passado, para o *eterno* desgosto dele. O status era claramente mais importante para ele do que para ela, e ele nunca a deixou esquecer disso.

O pedido de separação temporária de Ava citado no início deste capítulo aturdiu Wade. Ele ficou surpreso por ela se impor daquela maneira, apesar do protesto dele. Inconscientemente, essa separação lembrou-lhe a perda de sua mãe biológica, mas ele não percebeu isso. Ava tinha certeza de que esse era um caminho que ela precisava explorar, e ele se mudou, morando em um apartamento por seis meses até que ela disse que ele poderia voltar para casa. Durante esse tempo, ela contratou uma babá para ajudar com os filhos enquanto trabalhava. Ela também usou seu tempo decidindo como fortalecer seu casamento para uma relação mais recíproca.

Durante a adolescência, os filhos de Wade e Ava começaram a ter dificuldades na educação. Em seu estilo grandioso, Wade decidiu que ia tomar conta disso. Ele percebeu que não tinha sido um pai "presente" quando eles eram mais jovens, por isso agora cabia a ele fazer sua parte. Seu senso de certo estava todo errado, no entanto. Imediatamente, ele começou a interferir na independência deles enquanto faziam suas tarefas escolares. Ele não via nenhum mal em fazer as lições para eles e, na verdade, estava trapaceando para que eles tivessem notas melhores. É claro que isso não os fez aprender o que precisavam, mas lhes deu uma sensação de dependência sobre o controle do pai sobre eles. Ava nunca deixava de protestar contra as ações e atitudes dele em relação à educação dos filhos, o que confundia os valores das crianças em crescimento. À medida que cresciam até a idade universitária, ele manteve laços muito estreitos com eles via telefone, atendendo suas ligações imediatamente — mesmo se interrompessem seu trabalho médico — e enviando-lhes mensagens de texto sempre. Ele não tinha ideia de que isso era prejudicial à autonomia de desenvolvimento apropriada, e enfureceu Ava, cujo controle decrescente sobre as crianças que ela havia, principalmente, criado agora estava em perigo. A autoabsorção o levou a ver seus filhos como extensões de si mesmo, como seus, e ele excluiu a esposa — a não ser que precisasse dela para realizar tarefas domésticas que complicavam intensamente a vida profissional dele. Ela permaneceu como cuidadora tanto no trabalho quanto em casa, enquanto ele se distinguia em sua prática médica por sua grande autossatisfação e aclamação externa. A vida sexual era mínima, pois ela havia perdido interesse nele devido a seu egocentrismo e à necessidade de admiração. Ela reconheceu suas conquistas, o que ele não retribuiu — apesar de sua prática médica em destaque e de suas recorrentes ameaças de outra separação. Os valores dela de promover a independência nos filhos competiam com o desejo dele de controlá-los. Essa era uma fonte sem fim de conflitos.

Ava estava se tornando mais forte e mais decisiva sobre seus valores. Por desejar que os filhos permanecessem em uma família intacta, ela decidiu que nunca buscaria o divórcio. Mas sua situação continuamente a encheu de raiva, que ela lidava ficando longe de Wade periodicamente.

Uma estratégia que ela usou foi sair sozinha para obter alguma paz de espírito, o que a ajudou a evitar explodir emocionalmente. Em um fim de semana agitado, ela foi a um spa por conta própria, o que demoliu o senso de autoimportância de Wade. Ele não conseguia entender o desejo dela de ter as próprias necessidades atendidas, mesmo que isso significasse obtê-las sozinha. Ela começou a preferir a companhia de si mesma à que eles tinham como casal. As crianças se aliaram em épocas diferentes a cada um dos pais, dependendo de quem lhes dava o que elas queriam. Elas eram muito mimadas pelo pai, que estava criando narcisistas, crianças egocêntricas que esperavam que ele gastasse quantias extraordinárias de dinheiro para sustentar seus interesses egocêntricos.

Pelo narcisismo de Wade exigir que nunca estivesse sozinho e desocupado, ele tinha uma necessidade constante de fazer atividades; estar sozinho significava ter que experimentar seus sentimentos e seu vazio.

Ava sugeriu que eles começassem terapia conjugal comigo durante a adolescência dos filhos. Ele de imediato fazia grandes gesticulações na sala de terapia e literalmente tomava conta da sala, colocando seu grande jaleco e estetoscópio sobre o sofá e falando sem parar — impedindo que a voz de Ava fosse ouvida. Isso levou Ava a preferir sessões individuais para cada um deles.

As sessões individuais melhoraram o casamento de forma significativa, uma vez que Wade aprendeu a incluir os desejos de Ava nos extensos e caros passeios que ele organizava sem o consentimento dela. Esses passeios eram uma constante fonte de discórdia. Ele mudou seu comportamento para incluir os desejos dela, mas não entendia por que isso importava. Se quisesse ir a algum lugar, ele presumia que ela também gostaria. Wade não entendia o que significava incluí-la em seus planos, mas apenas seguia minhas recomendações para melhorar o relacionamento conjugal. Ele culpou a esposa pelas necessidades dela e a achou "louca" por talvez querer relaxar em um fim de semana, em vez de assistir continuamente concertos, filmes, peças de teatro ou frequentar museus. Uma grande disputa conjugal continuou, e ele esperava que a terapia comigo o ajudasse a recuperar algum equilíbrio nesta problemática situação familiar.

Tanto pelos relatos de Ava como pelas próprias descrições, pessoas de fora da família estavam começando a reagir de forma negativa aos comportamentos narcisistas de Wade. No trabalho, onde era extremamente admirado, ele passou muitas vezes uma quantidade desordenada de tempo ocupando a equipe falando sobre sua vida diária quando eles precisavam de tempo para realizar seu trabalho. Ele não tinha nenhuma consciência do impacto desse comportamento inapropriado. Um segundo resultado foi que ele estava sempre atrasado e desorganizado em suas papeladas médicas.

No entanto, Wade era competitivamente procurado como cirurgião. Ser requisitado, é claro, despertou sua necessidade por admiração, e ele trabalhava horas sem fim, embora dispersas, para provar seu valor e ganhar seu sustento. Isso alienava ainda mais Ava, que se apegou à decisão de manter a família intacta, embora tenha sido excluída da vida cotidiana dele (exceto pelo tempo que ele lhe contava em detalhes sua prática, ignorando a dela). Ele também não entendia que suas histórias intermináveis contadas a grupos diversificados entediavam e excluíam algumas pessoas; ele acreditava que seu status ainda o tornava um convidado bem-vindo. Sua falta de autoconsciência era terrível para sua esposa empática.

É digno de nota, como mencionado antes, que os sintomas de Wade assemelhavam-se com TDHA. Em sua prática médica e em casa, ele demonstrava a desorganização de seus registros médicos e de suas finanças, distratibilidade, impulsividade, desatenção aos outros e desvio das normas com seu nível de hiperatividade. No entanto, os sintomas por si só são indicadores não confiáveis de um diagnóstico. Seu comportamento disperso — o qual perturbava tremendamente Ava — estava fora de sua consciência.

A capacidade de admitir problemas e perceber sua própria parte neles pressupõe um senso de self interno relativamente bem desenvolvido, o que estava faltando. Seu senso de self era mais dependente da aprovação exterior. Sua quase total negação de seu desempenho escolar precário no passado, por exemplo, foi uma defesa narcisista que ele usou porque não tolerava admitir que não era bom em alguma coisa. Em sua terapia, ele me lembrava sempre que perseverou em sua formação médica. Isso ampliava sua grandiosidade porque ele superou muitos obstáculos, não importando quantas universidades e quanto tempo levou para atingir seus objetivos. Ava disse na terapia como era impressionante que Wade fosse incapaz de estar sozinho. Isso explicava seu supercontrole e sua influência sobre os filhos adolescentes, que ele mantinha muito perto e em contato, enviando mensagens de texto e conversando com eles diariamente. Mesmo à noite, quando tinha tempo para estar com Ava, ele se preocupava consigo navegando na web para evitar qualquer sentimento de espreita sob essa atividade contínua.

Além disso, Wade tinha que planejar bem cada passeio feito em conjunto, independentemente das necessidades de Ava, a fim de não sentir suas inseguranças. Ele tinha uma extrema experiência de ansiedade de separação quando não estava com a esposa, os filhos ou no trabalho.

Seu déficit estava na sua incapacidade de experimentar uma gama completa de sentimentos sem precisar agir imediatamente ou negá-los por meio de uma ocupação defensiva. Somente conhecendo seus sentimentos seria possível para ele saber se deveria agir de acordo com eles ou não. Suas ações e seus desvios contínuos, juntamente à falta de autoconsciência objetiva, eram uma forma de evitar o estresse interpessoal, conflitos e toda a gama de sentimentos que vêm com confusão até a intimidade real.

Junto à perturbada regulamentação da autoestima de Wade, seu transtorno do narcisismo foi evidenciado por sua necessidade de admiração e atenção. Wade era mais vulnerável do que aparentava e mais dependente de aprovação externa do que ele poderia admitir. O que parecia mais proeminente eram suas vulnerabilidades narcisistas. Ele não podia tolerar que não sabia tudo. Se alguém era ignorante, o que ele era rápido de observar, tudo bem — se não fosse ele. Outros poderiam ser desvalorizados, mas não ele. Com frequência, insistia que tudo o que fazia era certo, mesmo quando objetivamente não era.

Seus sintomas evidentes de TDAH eram uma verdadeira camada defensiva comportamental para seu temperamento narcisista e sua autoestima vulnerável. É importante pensar em seus sintomas de

TDAH como uma forma de manter um statu quo emocional em seu modo de se relacionar com o mundo. O que torna a patologia narcisista de especial valor na organização dessas variadas defesas é a forma como foca a atenção nos esforços de Wade para manter a autoestima, especialmente ao evitar esses sentimentos que o ameaçariam, e o impacto que esses esforços tiveram sobre a forma como ele administrou seus relacionamentos.

Um homem robusto, alto, de grande porte, Wade parecia proeminente. Na terapia, ele elogiou e idealizou sua família de origem — incluindo a madrasta e o pai, apesar de suas falhas na educação dos filhos, que, consequentemente, trouxeram dificuldades, as quais ele ignorou. Ao mesmo tempo, ele menosprezou o passado humilde de Ava, apesar das conquistas de seus irmãos adultos, que haviam superado muitas adversidades. Ava também era atraente: uma mulher alta e esbelta por quem ele não tinha consideração ou compreensão o suficiente. Wade nunca apreciou o fato de que ela foi procurada por grupos comunitários.

O que os manteve unidos no longo prazo? Ambos acreditavam em ser parceiros fiéis. Apesar das sempre constantes discordâncias, eles amavam profundamente os filhos e consideravam a vida familiar sagrada.

Como muitos casais liderados por narcisistas, eles se amavam, preocupavam-se com o bem-estar um do outro (na medida em que Wade era capaz) e — com intervenção terapêutica ao longo de muitos anos — aceitavam os defeitos e as ansiedades do outro. Wade era um provedor e marido leal, mesmo que sua empatia por Ava fosse tão deficiente. Ela, por sua vez, se sacrificava e tinha um impressionante senso de humor que resistia à depreciação que ele fazia dela.

Essa terapia de casal levou a algumas mudanças reais.

Para Ava, ela foi capaz de se abrir sobre seu passado, sua infância difícil e seus desafios para se tornar uma pediatra de sucesso. Além disso, com minha ajuda, ela foi capaz de comunicar a Wade suas frustrações sobre os comportamentos narcisistas dele. Ela entendeu que carregava as emoções da família e continuou a receber apoio terapêutico enquanto ele se desvinculou de sua terapia; por medo de ver suas fraquezas, teve que manter a guarda emocional.

Wade também melhorou, embora seu desenvolvimento positivo tenha sido feito, de certa forma, de má vontade. Com o tempo, ele incluiu Ava no planejamento de passeios extensos que gostaria de continuar a fazer, mesmo que nunca tenha compreendido realmente que eles representavam uma forma de evitar ficar sozinho com seus pensamentos difíceis. Mais notavelmente, como foi dito antes, esse casal, que começou com tais dificuldades, aprendeu a permanecer unido e fortalecer seu relacionamento. A atitude um tanto desdenhosa e controladora de Wade em relação a mim diminuía com o prosseguimento da terapia, conforme ele percebia que minhas percepções melhoravam seu relacionamento com sua esposa.

Os ganhos comportamentais que ele teve na terapia — como aprender a incluir sua esposa na elaboração de seus frequentes planos de viagem e deixá-la relaxar enquanto ele partia em várias direções para não perder nenhum atrativo que aumentaria sua autoestima — salvou o tempo de lazer deles juntos e apaziguou as necessidades de reconhecimento dela. Ele estava aprendendo como seu comportamento a afetava. Ela passou a apreciar essas mudanças no comportamento dele, embora soubesse que ele não entendia o significado por trás delas. Wade estava seguindo instruções como as de um roteiro que havia aprendido porque se importava com a felicidade dela no final — mesmo que não compreendesse suas necessidades reais.

Em última análise, a capacidade genuína de amor de Wade por Ava melhorou e o manteve na linha, por assim dizer. Isso permitiu que ela pudesse se expressar mais, mesmo que Wade não quisesse reconhecer sua importância. À medida que sua terapia avançava, Ava tornou-se mais aberta a Wade sobre as adversidades que ela havia superado em sua vida enquanto crescia, e ele passou a apreciar essas vitórias sobre seu passado traumático. Ele muitas vezes se perdia em sua autoabsorção narcisista, apenas para descobrir que ela saiu, física e psicologicamente, por conta própria, excluindo-o das atividades dela se ela precisasse. Ava costumava fugir de casa sem manter contato com ele ou explicar seu paradeiro, o que teve um impacto significativo na incapacidade dele de suportar ficar sozinho, mas o comportamento dela mudou. Ela começou a lhe dizer claramente suas necessidades e onde iria para satisfazê-las e realizar seus planos autônomos. Ele chegou à conclusão de que o tempo de Ava era uma realidade no casamento se ele quisesse que funcionasse, o que ele aceitou.

A terapia ajudou Ava a se separar da dependência inicial do marido, derivada do crescimento em sua família de origem, que carecia de suporte financeiro e emocional. Ela conseguiu, ao longo do tratamento, uma "protetora materna" em sua terapeuta para ficar entre Wade e suas necessidades. Como observado anteriormente, sua mãe tinha sido uma mulher muito sobrecarregada, egocêntrica, raivosa e agressiva, o que talvez levou Ava a casar-se com Wade, que também era egocêntrico, mas não agressivo. Além disso, Wade se tornou mais capaz de lidar com o tempo, especialmente após minha intervenção terapêutica. Seu medo frenético de Ava ir embora (como sua mãe biológica) lhe mostrou que ele a amava e se preocupava com ela, uma experiência que ela não tinha com a mãe.

Wade ressentiu-se com a nova independência de Ava porque ela o fez se sentir menos parte do centro admirado da vida dela. No entanto, agora ele tinha que manter os desejos dela em mente se eles quisessem desfrutar e sustentar o relacionamento. Ele finalmente deu alguma credibilidade ao hobby dela, fabricar joias, que lhe garantia boas recompensas com a venda em lojas de museus. Wade passou a reconhecer que ela precisava e merecia admiração por seu empreendedorismo, seu talento artístico e sua criatividade — coisas que ele havia desvalorizado anteriormente como insignificante. Para obter o amor que ela precisava de Wade, Ava teve de se tornar mais narcisista — de uma maneira saudável. No clima terapêutico emocional, ela se acostumou a sentir-se compreendida. Para receber amor de seu marido da forma como precisava, ela tinha que desenvolver mais amor-próprio. A forma de ganhar sua admiração era ver-se como uma pessoa verdadeiramente superior — como Wade via a si mesmo.

Esse foi de fato um resultado satisfatório para Ava e Wade. Autorreferência ou autoestima, interesse próprio e autocontrole são centrais para o desenvolvimento humano. Em minha opinião, o interesse desse casal em si mesmo e um pelo outro eventualmente não era mais de opostos polares, mas onipresentes e intrincadamente interconectados, gerando conflitos em ambos que continuaram a ser resolvidos com melhorias mútuas e vitalidade — em cada um individualmente e como um casal.

O resultado para Ava e Wade foi muito diferente do resultado de Clive e Laura. A resolução de suas diferenças e dificuldades tomou um curso muito diferente. Se você se identificar com a situação deles, a opção de terapia conjugal com sessões individuais é uma opção a se considerar. Veja o capítulo nove para mais sugestões.

CAPÍTULO SETE

O desejo e o medo de explorar os outros — O uso da empatia com um homem narcisista

Rio

Rio era um idoso aposentado que estava tendo dificuldades para decidir se deveria deixar sua jovem esposa com quem tinha quinze anos de relacionamento para ter múltiplas relações sexuais. Em seus sessenta anos, ele não estava interessado em explorar toda a vida (como é comum na psicoterapia), mas em minha ajuda para decidir se deveria deixar a parceira de longa data, em quem ele encontrou deficiências, para estimular seu senso de self. Sua crença de que ter múltiplas conquistas sexuais o beneficiariam estava certamente de acordo com qualquer narcisismo. No entanto, ter vindo a mim para que eu pudesse lhe dizer que esse era um bom plano prova que ele era um exemplo de um homem cujo narcisismo não era tão empoderador. Caso contrário, ele teria simplesmente se empenhado no plano de largar sua esposa e ir em busca de relações sexuais.

Quando percebi que ele não estava interessado em examinar sua vida para entender melhor a situação em que estava se metendo — que só queria que eu validasse a decisão de deixar sua companheira para ir atrás de uma fila de mulheres mais jovens — decidi simplesmente concentrar-me na minha empatia por ele na esperança de que ele fosse se esforçar para ter uma melhor noção de quem era. O envelhecimento e a aposentadoria do idoso eram, em si, feridas narcisistas, então minha empatia se tornou uma indispensável ferramenta — que lhe permitiu ver seu verdadeiro eu parcialmente expresso e resguardado ao mesmo tempo.

Rio tinha um casamento de quinze anos com uma mulher outrora divorciada, Eli, que era dez anos mais jovem que ele. Ela tinha dois filhos crescidos. Eli era de origem sueca, fisicamente impressionante em sua estima e inteligência, mas falava inglês com sotaque sueco, o que o deixava desestabilizado. Ele confiava nela porque era gentil e generosa, mas a relação era em grande parte platônica; ele não se sentia sexualmente atraído por ela, devido a seu sotaque e sua vida profissional medíocre. Essas características o fizeram sentir-se um tanto estranho e superior a ela, o que significava que Eli não podia satisfazer suas necessidades de espelhar e engrandecer totalmente seu senso de si mesmo. Ele não tinha nenhum interesse nos dois filhos adultos dela.

A principal preocupação de Rio quando ele veio até mim foi sua indecisão sobre deixar Eli. Por um lado, ele sentia que estava explorando-a porque não a estava deixando por ela não amá-lo; ele estava se aproveitando da gentileza e natureza generosa dela. Na verdade, ela se importava com ele profundamente.

O que impediu que Rio a deixasse, no entanto, não foi a moral; ao contrário, ele temia como os outros o veriam por largar a esposa para ter relações sexuais com outras jovens mulheres. Ele não queria parecer explorador — apesar de que, de fato, era o que ele queria ser na medida em que ele esperava ter múltiplas relações com outras mulheres com as quais ele não precisava ter nenhuma intimidade profunda ou cuidado de forma recíproca. Qualquer tentativa da minha parte para ajudá-lo a explorar o impacto que suas ações teriam sobre Eli (se ele a deixasse) ou sobre as múltiplas mulheres que ele desejava o fizeram sentir que eu não estava me concentrando totalmente nele. Rio realmente disse: "Eu, eu, eu", em mais de uma sessão quando tentei discutir os efeitos que suas ações teriam sobre as mulheres em sua vida. Ele esperava originalmente que a idade mais jovem de Eli satisfizesse suas necessidades de elogios por uma jovem amante, mas as inadequações (em sua estima) diminuíram essa esperança. Seus filhos foram mais um obstáculo ao desejo por ela porque ele não podia tolerar seu interesse dividido por ele e pelos filhos — a quem era totalmente desapegado.

Ele foi um planejador financeiro e comerciante de *commodities* de sucesso que fez milhões de dólares em seus quarenta anos devido aos investimentos inteligentes, o que lhe deu uma sensação de segurança para o primeiro momento da vida. Sua mãe, com dívidas constantes, tinha lhe avisado para ser extremamente cuidadoso ao escolher se casar e ganhar muito dinheiro por meio de trabalho duro. Seu pai havia basicamente abandonado a família e dado a ele nenhum ponto de vista. Ele seguiu as instruções de sua mãe, fazendo um trabalho que ele não achava recompensante, mas que garantiu sua posição na comunidade e lhe ofereceu infinitos recursos para sustentá-lo e a mulher com quem vivia. Ele temia a solidão — um motivo para manter a conexão com a parceira — mas isso não lhe deu incentivo suficiente para ficar com ela.

Ele não entendia ou parecia se importar se essas múltiplas relações, se as tivesse, poderiam deixá-lo com o sentimento de que procurava algo, mas vazio ao longo do tempo, devido à falta de conexões mútuas reais e autênticas. O poder era muito mais importante para ele que ostensivamente só estava interessado nos prazeres presentes, não no futuro. Ele sentiu que falar do futuro comigo significava que suas necessidades imediatas não estavam sendo compreendidas. Falar do futuro também o forçou a pensar no envelhecimento, o que ele queria negar porque o feria de forma narcisista.

Como homem de negócios independente, levou uma vida não estruturada, mantendo seus investimentos como principal ocupação. Ele tinha alguns interesses recreacionais e alguns companheiros com quem ele gostava de passar tempo, mas não confiava em ninguém, acreditando que a base da moralidade da vida era a de uma existência em que se dá algo a alguém em troca de eles lhe darem algo. Ele não acreditava que as pessoas realmente cuidavam umas das outras de forma profunda e duradoura; em vez disso, acreditava que elas foram manipuladas e exploradas para manter relações que davam alguns tipos de benefícios. Essa era sua visão de mundo arraigada.

Para ilustrar como o narcisismo de Rio interferiu nas relações reais em sua vida, o exemplo de seu melhor amigo lança alguma luz. Esse homem era, na opinião de Rio, um amigo muito inteligente e necessitado, que ele sustentava financeiramente. Em sessões comigo, Rio me disse que ele deu apoio a esse amigo não porque pensava em si mesmo como um homem generoso, mas porque sentia que esse homem era brilhante e o compreendia. Ele era igual a Rio. Embora Rio não tivesse entendido, essa amizade ilustrava o que ele realmente precisava: uma relação de reciprocidade mútua na qual existia o dar e o receber. Apesar de seu apoio a esse homem, Rio me disse que ele não o estava ajudando porque era generoso, mas por causa do que o homem podia lhe dar em troca: discussões esclarecidas. Essas discussões validavam o próprio senso de inteligência de Rio e sua alta consideração, algo de que ele precisava bastante. Na verdade, essas são virtudes significativas e bens valiosos em um relacionamento, mas para Rio elas representavam apenas as necessidades concretas que esse homem lhe dava em troca de seu apoio.

Eu tentei validar — isto é, entender — seus pontos de vista (mesmo que eu não concordasse com ele) para mostrar-lhe que estava tentando entender e processar sua lógica. Ele não entendia as relações mútuas, apenas acreditava com insistência e profundidade na exploração e manipulação de uma pessoa por outra. Como sua terapeuta, eu acreditava que também era alguém, como esse amigo, a quem ele pagava para receber uma validação sem fim.

Dada essa moralidade questionável, pensar-se-ia que ele facilmente deixaria a parceira ou que simplesmente teria um caso com outras mulheres. O que o impediu foi o medo de que outros se afastassem, talvez ao vê-lo em público com uma mulher ou ouvir falar disso de outro amigo. Se assim fosse, ele temia que fosse visto como um "cara terrível". Em outras palavras, a opinião que os outros tinham sobre ele era a única visão que poderia ter de si mesmo. Várias vezes, ele se comparou a políticos desonrados, não apenas pelas artimanhas sexuais, mas por serem apanhados pelo que fizeram.

Na terapia, Rio queria que eu lhe garantisse que a exploração de mulheres era permissível em nossa sociedade e, de fato, a norma. Ele sentia que qualquer conversa minha de satisfações mútuas reais de uma relação homem-mulher era ingenuidade de minha parte. Ele contestou que eu pudesse ser tão altruísta quanto ele pensava que eu era, embora nunca lhe tenha dado essa impressão diretamente. Foi a idealização de mim que o levou a esse ponto de vista. Ele argumentou comigo incessantemente que o altruísmo não existia; no entanto, como não tomei nenhuma posição, ele estava na verdade discutindo consigo mesmo. Eu era apenas um objeto, por assim dizer, para ter um diálogo com ele mesmo. Ele me viu como uma espécie de pessoa com o tipo de moral elevada que via como ingênua e temerária.

Rio precisava dessa ilusão de mim para que pudesse realizar diálogos comigo que validassem sua posição. Mas ele raramente se sentia satisfeito com nossas conversas, porque eu não lhe dava conselhos diretos. Mesmo que eu tivesse, ele não teria confiado neles porque não confiava em ninguém, mesmo tendo a pretensão de confiar em mim. Por que ele confiaria em mim e continuaria a falar comigo se eu lhe decepcionava continuamente no desejo de receber conselhos diretos? Seu raciocínio era que eu era uma especialista em relações humanas, algo que ele sabia pouco a respeito (o que era verdade). Minhas imperfeições foram baseadas em suas projeções de que eu era um ser humano limitado, pois todos os seres humanos são, mas que eu existia em meu papel terapêutico apenas para servi-lo, o que se devia à sua crença de que, de fato, meu trabalho era servi-lo e atender às necessidades a que ele tinha direito porque estava me pagando.

Ele tinha alguma noção de que eu também poderia cuidar dele, mas não podia resolver essa questão. Rio negou completamente sua própria subjetividade, apenas atribuindo-me tais motivações. Ele acreditava ser objetivo ao atribuir às pessoas traços de caráter e integridade limitados. Eu vi meu papel como uma tentativa de entendê-lo para que ele pudesse entender e aceitar a si mesmo. Essa era uma espécie de validação em que eu precisava ouvir suas opiniões sem julgar, sem inserir minhas reações de certo ou errado. Isso nos permitiu permanecer conectados, conversar e explorar sua vida sem cair em um debate de vitória ou derrota. Esse tipo de validação foi minha tentativa de comunicar um feedback que dizia: "Eu entendo você do jeito que é." Eu estava respeitando aquilo que ele acreditava ter validade e tentando entendê-lo (mesmo se não concordasse com ele).

Minha única esperança era que a empatia pudesse ser curativa se eu pudesse entrar nos pensamentos, nos sentimentos e nas esperanças de Rio com precisão. Em nossa terapia, ele recontou sua linha de pensamento, que se tornou muito repetitiva, mas parecia ser o que ele era. A verdadeira empatia é aprender o ponto de vista do outro, que eu tomei como meu objetivo quando não estávamos resolvendo a questão de dizer à cônjuge que ele queria ser infiel. Se tentasse ser objetiva, eu não seria vista como empática; isso o decepcionaria e o enfureceria por causa da frustração dele com meus próprios pontos de vista.

Em termos psicanalíticos, isso significava que eu tinha que ter uma perspectiva de experiência, concentrando-me apenas no que ele estava tentando me dizer, não em uma experiência objetiva distante em que as explicações são dadas. Ele até começou a me dizer o que queria que eu dissesse, uma espécie de imitação palavra por palavra, como se ele pudesse me dar um roteiro que não o frustraria. Na verdade, de vez em quando, eu refletia seus pensamentos, dando-lhe reconhecimento verbal e não verbal que dizia: "Eu vejo você do jeito que é". Foi como se, sem minha imitação palavra por palavra, ele não conseguisse se ver em minha resposta. Entretanto, minha imitação não funcionava realmente; quando tentei fazer isso, Rio ficou frustrado por eu não dizer a ele o que realmente sabia e apenas imitar suas palavras. Não havia resolução para esse enigma.

Além de imitá-lo e validá-lo, também tentei sentir seu funcionamento interior. Embora eu possa não ter compartilhado as experiências que ele sentiu, poderia tentar me imaginar projetando em sua realidade e estado emocional. Ou seja, eu tive que estender minha imaginação me colocando emocionalmente no lugar dele, a fim de manter uma conexão empática. Apenas periodicamente o que eu dizia era o suficiente para ele. Não havia uma maneira de sair desse dilema. Minha consternação derivou da pressão que senti por suspender quaisquer dos próprios pontos de vista para mostrar meu respeito por seus pontos de vantagem apenas para descobri-los, então ele sentiu que eu estava impedindo-o de aprender o que ele precisava aprender de mim. Eu esperava que, se fosse suficientemente empática, ele se sentiria compreendido, assim como sentiria que existia do jeito dele, capaz de chegar à própria decisão (KITRON, 2011). Essa foi a minha razão de não lhe dar conselhos, o que apenas lhe daria dúvidas. Minha maior esperança era promover sua capacidade de pensamentos autônomos. Pensei, ainda, que, se ele não conseguisse articular mais completamente o que ele queria de mim, meu próprio estado mental e reações viscerais a Rio poderiam me alertar sobre o que ele precisava de forma inconsciente (KITRON, 2011).

Eu suspeitava que era importante para Rio que ele pudesse ficar angustiado na minha presença e que eu poderia tolerar esses episódios de uma forma que ninguém já tivesse feito antes. Quando esteve angustiado na frente dos outros no passado, ele havia sido confrontado por pessoas que reagiram fortemente a seu comportamento. Eu não ia responder dessa forma porque eu queria ser para ele um ambiente acolhedor em um período difícil — um lugar onde ele se sentiria seguro.

Eu me perguntava se seu desejo de conquistas sexuais expressava uma necessidade de poder. Esperava que, se não o julgasse nessa área, eu seria capaz de ajudá-lo a começar a articular o significado de tais ações (caso ele as seguisse). Durante essas discussões, tomei consciência de que sua visão idealizada de mim continha as partes boas dele e que sua crença no mundo "faça por mim, e eu farei por você" eram as partes ruins dele. Eu esperava que, com o tempo, ele fosse capaz de satisfazer seus desejos de relacionamento com uma mulher que lhe daria mais autocontenção (GRANT; HARRARI, 2011).

Rio parecia ser um homem que tinha sido privado de um equilíbrio saudável de relações amorosas incondicionais quando criança. Privado de tais suprimentos narcisistas, eu acreditava que ele tinha profundos ferimentos narcisistas. Ele era o filho de uma mãe cuja interação materna impedia a capacidade dele de interiorizar uma sensação de que ser ele mesmo era incondicionalmente bom, confiável e especial só por ser quem era. Na falta dessa experiência formativa de crescimento, ele não podia entreter essa visão como um adulto e viveu um tipo de vida vazia, na qual tentou, de modo obsessivo, preencher com relacionamentos superficiais. Ele precisava desesperadamente continuar a obter suprimentos narcisistas de natureza externa a fim de construir uma autoimagem que contrariava sua aposentadoria muito insatisfatória e um casamento que sentia que era profundamente falho. Ele era um homem que se sentia diminuído e procurava de mim um alívio dessa experiência e um refúgio da ansiedade e vida interior turbulenta. Quando concluímos sua terapia, ele tinha começado a perceber que suas escolhas não dependiam de mim, permanecendo o senhor das próprias decisões. Como os outros homens narcisistas deste estudo, ele precisava de uma validação externa que nunca poderia ser suficientemente satisfeita porque lhe faltava um senso central de autoestima.

CAPÍTULO OITO

Dale e o pai narcisista

O pai narcisista é um homem egocêntrico que vê seus filhos como extensões de si mesmo. Ele é incapaz de separar-se de modo emotivo dos outros em sua família, e sempre espera que os filhos atendam às suas expectativas, independentemente de sentimentos e necessidades. Tem pouca capacidade de ver os filhos ou a esposa como indivíduos com os próprios direitos. Ele espera ser o rei da casa, e os filhos e a esposa devem antecipar suas necessidades e se esforçar para atendê-las — mesmo que ele não as deixe claras. Ele espera que os membros da família o conheçam bem o suficiente para ler suas necessidades sem explicá-las; é trabalho deles supri-las. Além disso, o pai narcisista espera empatia dos outros, mas não pode retribuir. Ele espera que os outros abandonem o que estão fazendo quando faz um pedido (BROWN, 2008).

No mito de Narciso, há outro personagem, Eco, que fica atrás de Narciso e, tendo perdido sua capacidade de dizer as próprias palavras, repete as afirmações dos outros. Ela se apaixona por Narciso e o segue, esperando que ele diga palavras amorosas que possa repetir de volta para ele. Mas Narciso é tão tomado por seu amor-próprio que é incapaz de ouvi-la. Incapaz de captar a atenção ou o amor dele, ela morre. Essa história representa bem o pai narcisista que não quer ver, ouvir, ou reagir às necessidades do outro — incluindo o filho, que é representado por Eco. De acordo com Pressman e Donaldson-Pressman (1991), essa é uma alegoria para a família narcisista, em que as necessidades dos pais narcisistas são focadas em detrimento do funcionamento independente da criança.

Crianças criadas por pelo menos um pai narcisista podem desenvolver muitos problemas físicos e psicológicos. No livro *Children and Narcissistic Personality Disorder: A Guide for Parents* (2015), Bailey-Rug descreve vários (iii, iv):

- Baixa autoestima.
- Um senso de maior responsabilidade pelos outros.
- A raiva voltada para o pai com o transtorno de personalidade narcisista.
- A raiva voltada para si mesmo, às vezes com comportamentos de autolesão.
- Depressão.
- Ansiedade.
- Complexo transtorno de estresse pós-traumático.
- Uma sensação de ser vítima de um agressor.
- Doenças inflamatórias.

Dale era a filha única de um pai narcisista. Enquanto crescia, ela ficava geralmente reclusa, passando a maior parte do tempo fora da escola com o pai. Ele tinha uma forma de isolá-la de influências externas. Ela era receptiva às expectativas dele; se não conseguia satisfazê-las, sentia uma sensação de fracasso. Dale passou a vida fazendo o que pensava que o pai esperava a fim de ganhar o amor e a aprovação dele. Consequentemente, ela não desenvolveu um senso de self seguro.

Ela sempre acreditou que sua função era fazer o pai se sentir melhor sobre si mesmo. Ele muitas vezes contava a ela problemas conjugais e de trabalho, assuntos que ele deveria ter compartilhado com a esposa ou outro adulto. Se ele ficava chateado, ela se esforçava para deixá-lo feliz, tentando ser a criança perfeita e nunca o aborrecendo.

O pai de Dale poderia mostrar sutilmente sua desaprovação. Ele não ficava abertamente ameaçador, mas sua linguagem corporal falava com ela. Ele lhe dava um olhar insatisfeito ou virava-lhe as costas sempre que achava que ela não tinha respondido plenamente às suas necessidades. Seu tom específico de voz podia mudar e se tornar ameaçador. Ele também usava o tratamento de silêncio quando inadvertidamente ela não lhe agradava, o que causava dor e confusão a ela. Dale sentia culpa por ter sentimentos de raiva em relação a ele às vezes, o que ela não entendia. Sempre querendo agradá-lo, ela achava que era culpada se não o fizesse. Além disso, havia confusão nos limites entre pai e filha, mostrada quando ela era e não era responsável pelos sentimentos, pelas ações e pelas crenças dele. Se ela tivesse um ponto de vista diferente do dele, ela se sentia egoísta.

Todas as próprias realizações pareciam de alguma forma irreais, como se tudo que ela tivesse alcançado por conta própria fosse tênue. Isso fundamentava seu frágil senso de si e vulnerabilidade a críticas ou desrespeitos imaginados. Ela precisava da atenção e do reconhecimento dele sobre as próprias realizações para sentir que eram permissíveis.

No entanto, quando fez quinze anos, ela queria ter a própria vida com seus pares fora da família, significando não poder estar sempre disponível quando o pai queria algo dela, o que começou, pela primeira vez, a causar discussões intermináveis. Ela estava tentando de uma maneira saudável desenvolver um senso de self estável mesmo quando adolescente, não precisando sempre da aprovação dele. Parte desse processo para ela foi aprender a tolerar os sentimentos de culpa por não atender constantemente às necessidades dele. Era necessário que tanto ela quanto o pai desenvolvessem a capacidade de aceitar mudanças no relacionamento, de modo que o crescimento dela não fosse afetado.

A adolescência representa uma época em que o indivíduo está em transição de fontes externas para fontes internas de aprovação. Esse era o dilema de Dale.

Até agora, Dale era percebida pelo pai como a filha que sempre estava ao lado dele, apoiando suas necessidades, dando-lhe elogios e vendo-o como o melhor pai de todos os tempos. Ela tinha percebido que existia para o benefício dele, estava lá para acalmar suas emoções furiosas após o trabalho e sempre pronta para lhe preparar lanches quando ele estava com fome. Ela era uma filha parentificada, ou seja, ela era a mãe, e ele, o filho em sua inversão de papéis patológicos.

Agora entrando no meio da adolescência, com um crescimento nas habilidades cognitivas, ela era capaz de ver a si mesma e a seu pai com mais precisão. Não confiar tanto no amor e no apreço dele, no entanto, a deixou com menos fontes consistentes de autoestima. Ela podia se sentir mais instável emocionalmente e menos certa sobre quem ela era.

Esse efeito do narcisismo do pai sobre a família foi sutil. Não havia uma disfunção explícita. Para uma pessoa de fora, as relações familiares pareciam saudáveis. Dale se apresentava como uma adolescente normal com uma forte concha externa protegendo um núcleo interno muito vulnerável. Não havia raiva expressa — ou muita expressão de qualquer outra emoção. Ela não foi ignorada, mas a realidade foi que ela sacrificou suas necessidades em prol das necessidades do pai. Qualquer coisa que o perturbava não era tolerada, mas resolvida. Embora não tivesse sido maltratada de forma aberta, ela não podia contar com o apoio emocional dele. As necessidades do pai eram o foco da família, e Dale era a imagem de uma filha boa e bem-sucedida.

Os problemas não apareceram até que Dale quis se reconhecer e fazer as próprias exigências emocionais para a família. Somente quando ela começou a se comparar com seus pares, uma passagem crítica desde cedo até o desenvolvimento da adolescência média, ela começou a entender que havia algo de errado na relação com o pai.

Antes da adolescência, Dale era uma excelente estudante e atleta que nunca cometia erros ou mostrava um mau julgamento que pudesse reagir de forma negativa quanto ao pai. Ela sentia que isso a ajudava a ser consistentemente uma excelente estudante e jogadora de basquete, assim como o pai era quando ele estava crescendo. Ele a treinou no basquete durante anos, e ela se sobressaiu. Dale não considerou se esse era seu interesse; seu único objetivo era agradar ao pai. Ele jogava regularmente com ela na quadra de basquete, aperfeiçoando suas habilidades. Ela deveria deixar de fazer o que estava fazendo com seus pares a qualquer momento para ter um treino extra — se ele sentisse que ela precisava — para continuar a ser a grande jogadora que ele esperava que ela fosse. Agora, no entanto, quando Dale se mudou do início para a metade da adolescência e separou-se internamente do pai, a necessidade de agradar a si mesma e aos amigos aumentou, e a necessidade de agradar ao pai diminuiu.

Livrar-se do isolamento não era uma tarefa fácil. Dale não tinha outros irmãos para compartilhar a carga reversa de paternidade. Como filha única, ela esperava estar à altura das exigências e expectativas acadêmicas de seu pai. Como era uma jovem muito brilhante, ela ganhou o apoio e a adoração dele com notas máximas e prêmios de excelência em matemática e ciências. Isso deu a ele grande satisfação, pois era chefe e pesquisador de seu departamento de neurociência no laboratório de ciências local. Ele esperava que Dale seguisse seu caminho, o que ela fez. Assim como *ele* havia estudado genética, esperava que ela fizesse o mesmo, e ela fez, embora não houvesse um curso para isso em sua escola secundária. Ele a orientou sobre o assunto, e, mais uma vez, ela se destacou. Eles tinham discussões fascinantes sobre a pesquisa genética que ela apreciava sem perceber que isso a impedia de ter relacionamentos saudáveis com os seus pares. Sua vida era estreita, envolvendo principalmente o relacionamento com o pai. Mas o trabalho de ser mãe de seu pai estava se tornando demais para ela.

Como observado, as dificuldades vieram quando ela quis mais independência ao se tornar uma adolescente em busca de autonomia. Dale ficou satisfeita com seus sucessos e apreciou e interpretou erroneamente o que parecia ser o amor dele por ela, apesar de ter sido, sobretudo, egoísta da parte dele. Mas quando se tratava da vontade dela de ser independente, fazer os próprios planos com os amigos e desfrutar da própria aparência, ele se opôs de forma bastante dura. Ele reclamou que tinha direitos "como pai dela" para continuar dirigindo todas as atividades dela. Onde antes as opiniões dele eram mais valorizadas, ela agora estava começando a se voltar para os amigos.

A mãe de Dale era passiva e seguia os ditames do marido. Ela também agia em função dele, permitindo que ele dominasse sua vida. Ele tinha mais autoridade na casa até Dale começar a reclamar com a mãe durante a puberdade. Sua mãe, temendo a fúria do marido, impediu que a filha expressasse suas necessidades crescentes de autonomia. Entretanto, após Dale completar quinze anos, a mãe perdeu o controle sobre o comportamento da filha. Embora às vezes frustrada, ela começou a entender que Dale estava mudando de uma maneira saudável. Quando o pai de Dale viu a esposa ficar ao lado da filha, ele ficou bravo, sentindo-se pessoalmente magoado pela esposa e filha conspirarem contra ele. Além disso, havia brigas conjugais paralelas aos conflitos entre pai e filha. O pai de Dale tomava qualquer oposição como uma ofensa pessoal. Ele estava acostumado a controlar seu departamento no trabalho e, até agora, a esposa e a filha em casa.

Dale estava mudando. Na verdade, ela estava desenvolvendo uma paixão por um garoto que jogava beisebol; ela queria aprender esse jogo para poder apoiá-lo. Isso incomodava muito o pai, pois seu foco no beisebol a impedia de se concentrar apenas no basquete. Ele havia planejado a respeito do basquete oferecendo-lhe uma bolsa de estudos para a faculdade de acordo com as necessidades dele de controlá-la. Na realidade, ele estava tentando isolá-la socialmente para que ela permanecesse no controle dele. Essa relação entre pai e filha o fazia sentir-se poderoso.

Dale internalizou profundamente a decepção do pai com ela. Um dos efeitos mais preocupantes da paternidade reversa é o aumento da suscetibilidade emocional para a criança. Assumir os sentimentos dos pais — sentimentos em geral negativos, como decepção — e integrá-los é difícil, e os filhos são, muitas vezes, incapazes de se ver livre deles (BROWN, 2008). Os limites psicológicos de Dale não tinham sido fortes o bastante enquanto crescia, por isso ela não era capaz de escolher quais das emoções do pai ela queria aceitar e quais discordar. Consequentemente, quando tinha quinze anos, ela se culpava *sem justificativa* se não atendesse a todas as ordens do pai. Ela permanecia vigilante aos sinais de que ele estava decepcionado com ela e temia as reações dele. Ela ficava cada vez mais ansiosa quando não podia se livrar dos sentimentos que ele havia induzido nela. De repente, ela começou a ter ataques de pânico quando temia a desaprovação dele.

Em relação ao atletismo, ela começou a reconhecer que ele pensava que era seu treinador pessoal. Pela primeira vez, Dale questionou isso, por saber que já tinha um treinador na escola. Esse foi o começo da saudável desidealização do pai. Ela observou como ele ia a todos os jogos, mas não porque ele a amava; como ela um dia disse ao espelho, era "porque ele se diverte com isso! Ele gosta de ter uma filha de quem ele possa se gabar".

Dale começou a confiar cada vez mais na mãe. Enquanto crescia, ela olhava para o pai em busca de autodefinição, mas estava se tornando aparente que isso estava mudando. Ela comentou para a mãe: "Como eu fiz dele *tão* importante? É como se minha vida inteira girasse em torno dele, em vez de mim". Isso preocupou a mãe, que procurou uma consulta psicológica sobre a ansiedade da filha. Ela sabia que Dale era muito suscetível às ordens do marido, assim como ela, e achou razoável que a filha questionasse os motivos para querer uma vida social. Esse foi um enorme progresso para a mãe de Dale, que queria poupar a filha das responsabilidades excessivas que ela assumiu sobre o pai dela.

Dale se perguntava se sua relação com o pai narcisista era a causa de seus problemas sociais e debateu consigo mesma sobre em que grau devia permanecer envolvida com ele. Ela começou a perceber que o relacionamento com o pai estava colocando seus interesses mais amplos fora de casa em risco. Ela duvidava de si mesma, devido à longa história de fornecer suprimentos narcisistas ao pai. Ele ainda se intrometia em sua vida social, enviando-lhe mensagens de texto frequentemente na escola e fazendo-a perder eventos. Ela limitou as interações com os colegas para acalmá-lo e agradá-lo, ações que ela vinha fazendo desde o início da vida. No entanto, nesse ponto do seu desenvolvimento, apaziguando o pai e restringindo os colegas, as interações não mais lhe trouxeram uma sensação de calma; ao contrário, elas lhe trouxeram ataques de pânico.

Após Dale ter falado sobre os ataques de pânico com a mãe, ela, preocupada que eles aumentassem e fossem sinais de uma perturbação emocional, procurou uma consulta psicológica. Ela buscou alguma intervenção para evitar que a ansiedade de Dale aumentasse.

Um ataque de pânico específico foi provocado pela intromissão do pai na atividade dela como redatora do jornal da escola. Quando ela escrevia artigos científicos, seu pai aprovava, mas, quando quis tratar de questões políticas, ele ficou descontente porque esse não era o interesse dele. Dale ficou desapontada e ansiosa por querer agradar o pai, como sempre sentindo uma responsabilidade distorcida pelas necessidades dele. Mas ela estava ganhando mais autoconfiança ao afirmar seu desejo de participar em outras coisas, como o jornal, que ele não aprovava. Ela começou a ter a coragem de contemplar como o interesse principal dele parecia ser ele mesmo e os desejos dele, e não as necessidades dela.

Devido aos anos de paternidade reversa, houve muitas situações em que o pai podia persuadi-la a fazer coisas que ela não queria fazer ou persuadi-la a não fazer aquilo de que ela gostava. Mas o controle dele sobre ela estava desaparecendo por causa da crescente autonomia dela como adolescente. Em certo sentido, todos os esforços para torná-la uma grande atleta e estudante estavam agora indo contra ele. Ela era adorada pelos professores e amigos por causa das qualidades de liderança e realizações de tal forma que outros adultos estavam agora entrando em seu mundo e a influenciando. Ela começou a se sentir melhor consigo mesma.

O modelo de família narcisista, ou modelo centrado nos pais, é sobre um sistema paternalista que espelha apenas as necessidades dos pais. Trata-se de um filho que só existe para este pai ou mãe na medida em que ele atende ou se recusa a atender as necessidades dele ou dela. A pergunta agora era se havia uma possibilidade de mudança produtiva no atual sistema familiar.

O professor que coordenava o jornal da escola elogiou Dale e seus artigos científicos e políticos e a encorajou a se esforçar para se tornar editora do jornal. Esse professor a estava tirando da zona de reclusão. Ironicamente, seu pai pensava que os elogios desse professor à filha refletiam bem sobre ele, mas, ao mesmo tempo, ele sentiu essa nova esfera de influência adulta sobre a filha, e isso feriu seu orgulho. Dale ainda estava tentando obter a aprovação do pai, mas agora era à custa de se sentir valorizada e respeitada por outros adultos que ela admirava e o pai invejava. Pela primeira vez, Dale podia sentir dentro de si uma raiva consciente e ressentida do pai por ficar no caminho dela. Essa foi uma mudança significativa. Exprimir sua culpa sobre o pai parecia ser contrário a seu senso de self, mas culpar-se por querer mais do que ele podia oferecer tornou-se um precedente razoável para um problema que era novo para Dale.

O que causou o último ataque de pânico de Dale ocorreu quando o pai, sem lhe dizer, entrou em contato com o professor que supervisionava o jornal escolar e exigiu que Dale passasse menos tempo em questões políticas. Não compreendendo a decepção do pai em relação à filha, o professor protestou que a decisão deveria ser tomada por ela. Ninguém, particularmente nenhum adulto, havia discordado do pai antes e dado independência à filha na solução de problemas. Seus sentimentos se intensificaram quando Dale descobriu pelo professor que o pai tinha interferido. Ela se sentiu surpreendida e humilhada por não ter sido incluída nessa discussão.

Dale apreciou a recomendação do professor de que ela tomasse a própria decisão sobre o que deveria escrever. Mas ela se sentiu intensamente ansiosa com essa disputa entre dois adultos — ambos eram importantes para ela. Seu pai a chamou de egoísta, o que a deixou confusa (na verdade, sua acusação de que ela estava sendo egocêntrica foi uma projeção da atitude dele). Ela tinha grande dificuldade para tolerar essa acusação porque estava desenvolvendo o próprio sistema de valores, mas, ao mesmo tempo, ela ainda queria muito a aprovação do pai. Em conflito, ela tinha dúvidas recorrentes, querendo que ele reconhecesse a realidade de suas motivações. Essa confusão a levou ao pânico.

Como sabemos, Dale estava acostumada a buscar a harmonia com o pai. Em primeiro lugar, ela não queria ter sentimentos desconfortáveis e angustiantes de desavença com ele. Então, no começo, ela desistiu de escrever sobre política. No entanto, seus amigos questionaram essa decisão, pois eles estavam seguindo sua iniciativa e escrevendo artigos políticos eles mesmos — de acordo com seu exemplo.

Dale se viu dividida entre ser complacente ou, pela primeira vez, rebelde. Desafiar seu adorado pai foi um grande passo para ela — mesmo que esse fosse um sinal de maturidade. Ela procurou a mãe em busca de um conselho, que ficou profundamente perturbada com o dilema da filha, temendo a resposta do marido narcisista caso ela tomasse o partido de Dale, o que de fato parecia ser a abordagem correta. Ela também ainda estava preocupada sobre os ataques de pânico da filha e procurou conselhos adicionais da psicóloga da escola. Essa era a segunda vez que ela tinha que procurar ajuda fora de casa. Por sugestão da conselheira escolar, ela apresentou ao marido a Inteligência Parental — uma abordagem de colaboração parental que ele via como extraordinariamente contraintuitiva; ele era um pai que queria domínio e controle sobre a mente e as atividades da filha.

No entanto, a mãe de Dale sentiu a pressão do professor na escola, assim como a da conselheira escolar, pois ambos queriam que Dale encontrasse o próprio caminho. A mãe de Dale sentiu que ela tinha que arriscar uma discussão conjugal em prol dos interesses de Dale. Ela, ousadamente, deu o passo de compartilhar com o marido que havia feito a consulta psicológica, além de se reunir com a conselheira escolar. Ela estava de fato se sentindo um pouco mais empoderada e acreditava que a filha deveria fazer os próprios julgamentos. Por causa das preocupações com a filha, ela confrontou o marido:

— Dale está perturbada, e é por causa de sua discordância por ela escrever artigos políticos para o jornal da escola. Você pode não saber, mas suas ações levaram Dale a ter um ataque de pânico — disse ela ao marido.

— Eu não sabia disso — disse ele.

— A psicóloga da escola me ensinou uma abordagem chamada Inteligência Parental — informou ela.

O pai de Dale ficou surpreso pela esposa ter procurado ajuda fora da família e se sentiu ferido e magoado por não ter sido consultado. Mas ele, a princípio, ouviu com indiferença, sentindo que era do seu interesse como pai e marido — especialmente porque sua filha tivera um ataque de pânico.

— Eu gostaria que tentássemos esta abordagem — disse sua esposa. — Eu achei muito interessante. Há cinco passos para abordar um problema.

— Isto é algo parecido com as técnicas de solução de problemas que eu vejo em nosso laboratório? — perguntou o marido.

— Talvez — respondeu sua esposa. — Há um passo chamado *solução do problema*, mas é o último passo. Antes disso, há outros. O primeiro é *dar um passo para trás*, onde não tomamos nenhuma decisão, apenas consideramos o que está ocorrendo.

— O que isso significa? — questionou ele.

— Paramos sem fazer julgamentos — continuou sua esposa — para entender a situação e compreender o que está acontecendo sem reagir.

— Certo — respondeu o pai de Dale.

— Por exemplo, se sabemos que Dale teve um ataque de pânico, nós não entramos imediatamente em ação. Nós paramos, esperamos e... bem, apenas pensamos um pouco sobre essa informação.

— Eu gostaria de fazer algo — disse ele.

— Eu entendo, mas é melhor esperarmos. A seguir, fazemos algo mais difícil chamado autorreflexão, em que olhamos para dentro de nós mesmos em busca de nossos sentimentos sobre o problema.

Como discutirei em um capítulo posterior, o pai de Dale é um exemplo de homem narcisista que, com o devido apoio — nesse caso, o conceito exposto na Inteligência Parental — é capaz de fazer importantes mudanças na maneira como ele se relaciona com o mundo. Em primeiro lugar, ele foi tomado de surpresa pela iniciativa da esposa. No entanto, profundamente dentro de si, ele também aplaudia a iniciativa. Ele queria estar orgulhoso da esposa, como uma reflexão dele mesmo como bom marido. Então, ele disse, provisoriamente, que tentaria a abordagem da Inteligência Parental. Dar um passo para trás foi fácil. Ambos viram a nova atitude rebelde que Dale tinha como uma forma de tentar agradar a todos os adultos, assim como de ter os próprios pontos de vista.

Durante o passo de autorreflexão, ele admitiu com muita relutância que ficou profundamente magoado porque Dale foi influenciada pelo professor, em vez dele. Mas ele também foi capaz de admitir que essa confiança do professor em Dale refletiu bem sobre eles como pais.

Tendo vivido tantos anos com o marido narcisista, a mãe de Dale sabia que reconhecer todos os sacrifícios e cuidados que o marido tinha dado à filha ao longo dos anos atrairia seu orgulho — até mesmo seu egoísmo. Ela fez isso, o que, com o tempo, levou-o a se tornar mais resiliente. Um dos primeiros sinais da mudança foi quando ele não viu mais o desejo da filha de escrever os tipos de artigos que ela queria como uma ofensa. Esse foi um grande passo para um homem tão egocêntrico. A mãe de Dale estava eufórica pelo marido estar afrouxando parte de seu controle. Eles seguiram para o terceiro passo da Inteligência Parental: *compreender a mente de seu filho.*

Esse foi outro grande passo para esse pai, que só considerava o que estava na mente *dele* na maior parte do tempo. Ele tinha que assumir a responsabilidade de que ele havia formado a filha à própria maneira sem reconhecer seu crescimento interior. Mas ele tinha notado no trabalho que outros cientistas lhe davam boas ideias e estava se tornando aberto para trabalhar com todos; depois de tudo, isso podia levá-lo a uma promoção. Embora estivesse motivado de forma egoísta e sem consideração, ele ponderou se deveria dar a Dale o mesmo respeito, pensando como isso poderia engrandecê-lo como pai de uma filha brilhante. A discussão seguinte ocorreu no jantar daquela noite:

— Dale, sua mãe e seu professor querem que você decida por si mesma os tipos de artigos para os quais deve escrever para o jornal da escola. Eu sei que tenho sido duro com minhas preferências, mas sua mãe me convenceu a considerar seu ponto de vista. Como você se sente sobre tudo isso? — perguntou o pai.

— Estou comovida, pai, que você queira o meu ponto de vista. Isso me deixa muito nervosa porque não quero desagradar você. Mas, honestamente, descobri que escrever sobre questões políticas tem aberto um novo mundo para mim; meus amigos e meu professor parecem pensar que eu escrevo muito bem sobre esse tema. Tenho que te agradecer por me ajudar a ser uma boa escritora — respondeu Dale. [Esse comentário foi genuíno da parte de Dale. Ela reconheceu o que um narcisista pode oferecer a seu filho, mas também era uma forma de lhe dar o suprimento narcisista de admiração que ele cobiçava.] — Toda a pesquisa científica a que você me apresentou me levou a aprender a ser uma boa e organizada escritora — disse ela. [Dale estava assumindo os méritos de suas realizações, uma nova atitude que não se limitava a refletir os julgamentos do pai.]

— Obrigado por reconhecer que eu te ajudei, embora eu esteja desapontado por você não ter favorecido a escrita científica, que é superior às questões políticas — disse o pai.

— Na verdade, algumas das pesquisas científicas que você realiza têm uma aliança política. Há uma controvérsia que você compartilhou comigo sobre como a pesquisa genética ganha os maiores donativos das corporações, que eu acho que são politicamente influenciados. Você não acha que isso é verdade? — perguntou ela. [Mais uma vez, ela se baseou na necessidade de admiração narcisista dele; ela amava o pai e acreditava que ele estava se esforçando para ser um bom pai.]

— Isso é interessante de se contemplar. Você gostaria de escrever um artigo sobre isso? Agradaria a nós dois — perguntou ele.

Dale estava sentindo um novo senso de domínio e controle. Foi a primeira vez que ela realmente olhou para a maneira como o pai a havia criado. Ela estava vendo a realidade de sua criação.

— Claro, é excitante. Posso entrevistar algumas das pessoas com quem você trabalha para ter diferentes pontos de vista? — perguntou Dale, com entusiasmo.

— Sim. Eu posso providenciar isso — respondeu o pai. [Fazendo os preparativos, ele retomou algum sentimento de controle. Além disso, também sabia que, se os colegas dele vissem que a filha dele era uma boa escritora científica, ele poderia se vangloriar.]

A mãe de Dale ficou incrivelmente grata por essa discussão. Parecia que o marido não era tão controlador quanto ela imaginava. Ela não esperava realmente que ele seguisse o próximo passo da Inteligência Parental: *compreender o desenvolvimento de seu filho*, mas ela sabia que, como consequência, isso era o que estava acontecendo. Dale estava sendo encorajada a pensar por ela mesma — com a aprovação do pai. Esse foi um substancial desafio adolescente e uma grande mudança tanto para o pai como para a filha.

O último passo foi a *solução do problema*, que, na verdade, já tinha acontecido. Dale ia apresentar sua ideia a seu professor no dia seguinte.

Como a filha submissa que sempre esteve com o pai narcisista (BROWN, 2008), Dale monitorava com frequência os sinais da angústia e das necessidades não atendidas do pai. Mas ela foi capaz de incluir seus interesses na solução do problema para que não sentisse a culpa que quase sempre sentia quando ele poderia ficar desapontado ou discordar dela. Considerando que antes temia ter desacordos com ele ou enfrentar qualquer forma de conflito, ela parecia incluí-lo com cuidado em seu raciocínio, em vez de se sentir ou agir de forma rebelde. Ela não se retirou do conflito como normalmente o faria. Ela estava encarando que não tinha um pai perfeito, mas ele era um ser humano capaz de mudar dentro de seus parâmetros de egocentrismo. Ao manter a versão idealizada do pai quando ela era mais jovem, ela estava enfrentando tanto o processo de desidealização do pai quanto da mudança em suas próprias fontes de satisfação narcisista tão necessárias para uma adolescente saudável em desenvolvimento.

Isso foi um ponto de inflexão na adolescência de Dale. O início da sintonia de seu pai com suas necessidades construiu sua autoestima. As palavras dele foram uma poderosa influência para ambos seguirem em frente. Eles aprenderam a ter discussões a partir de pontos de vista diferentes, o que afrouxou o rígido controle dele sobre a mente dela. Ele viu, com a autorreflexão, que poderia de fato sobreviver sem se sentir humilhado por afrouxar sua capacidade de compromisso. Ele não se sentiu abandonado pela filha, mas que ela valorizava suas opiniões, fomentando suas necessidades narcisistas enquanto expandia sua capacidade de ver além delas. Dale, por parte dela, percebeu que não precisava se rebelar contra o pai, mas eles podiam ter diálogos que ela nunca havia esperado.

A mãe de Dale ficou profundamente aliviada pelo marido ter afrouxado o controle sobre a filha — pelo menos dessa vez. Isso deu-lhe esperança para o futuro; com sorte, Dale poderia cuidar das próprias necessidades sem sacrificar os anseios do pai de ter seus desejos reconhecidos em todos os momentos. Ele era capaz de se comprometer, uma das mais importantes mudanças para um homem narcisista. No fundo, ela acreditava que o amor dele pela filha foi o que lhe permitiu enfrentar os passos da Inteligência Parental (HOLLMAN, 2015).

Dale agora tinha uma rede social na escola como um espaço seguro para trabalhar, ficando menos isolada por seu pai. Ela se tornou muito menos reclusa e segregada. Foi capaz de se abastecer de novos sonhos, novos objetivos, novas amizades, um relacionamento crescente com a mãe e espaço e tempo para a cura. Isso foi muito significante para essa adolescente. Também não se pode dizer que a ameaça do rompimento da relação entre pai e filha não causou instabilidade ou fragmentação no pai; ele era mais resiliente do que imaginava.

Como uma jovem filha, Dale não conhecia os próprios sentimentos porque o pai dela nunca perguntou sobre eles. Ele estava concentrado nos próprios sentimentos e necessidades, assim como ela. Com esse novo reconhecimento, ela começou a florescer conforme outros adultos em seu ambiente valorizaram suas opiniões e reconheceram que seu papel na vida não era apenas o de servir aos outros. Isso não requer culpa ou julgamento, confronto ou perdão. Era simplesmente um reconhecimento de como ela poderia reaprender seu papel na família para tornar sua vida mais satisfatória.

Embora tivesse sido moldada pelas experiências passadas, ela não mais precisava ser detida por elas. Agora podia pensar no que *ela* observou, pensou e sentiu. Foi capaz de começar a desenvolver um ego ideal maduro, que incluía as próprias aspirações e ambições. Isso lhe permitiu observar os pais de forma mais realista, o que liberou sua energia e atenção para que ela pudesse estar mais envolvida com ela mesma e seus pares.

Seria útil, nesse momento, voltar à conclusão do capítulo dois, em que as características do amor-próprio saudável são enumeradas. Elas aplicam-se bem às necessidades de Dale que seu pai foi capaz de aceitar conforme elas fomentaram seu desenvolvimento adolescente. Na criação de filhos narcisistas *saudáveis*, é importante modelar esse amor-próprio saudável.

CAPÍTULO NOVE

Mulheres e seus maridos narcisistas

Como esposas de narcisistas podem viver felizes e saudáveis

Conhecemos três casais, todos com homens com narcisismo patológico e mulheres codependentes, e um pai com patologia narcisista com uma filha adolescente. Neste capítulo, procuramos entender melhor essas mulheres que, eventualmente, formaram sensos de self mais saudáveis. Cada uma delas corria seriamente um risco emocional e precisava de uma conexão com alguém que pudesse oferecer aceitação incondicional, reconhecimento e validação para se sentir restaurada.

Precisamos fazer algumas perguntas. Quais condições contribuíram para a codependência delas que as tornavam vulneráveis aos homens narcisistas? Quais são os fatores envolvidos na dinâmica codependente/narcisista? E, finalmente, como a mulher codependente pode começar a apresentar mudanças que a permitam ser mais independente ao mesmo tempo que preserva sua relação íntima — se possível e desejada?

Condições que contribuem para a codependência e que tornam as mulheres vulneráveis a homens narcisistas

Vimos como a codependente (sem ajuda externa) responde ao parceiro menos saudável com falta de consciência e respeito pelos direitos e necessidades inerentes a ela. De acordo com Payson (2017),

> a codependente sofre de um paradigma mental que a coloca como menos importante que o outro. Seus sentimentos dolorosos, geralmente interpretados de forma reforçada de que ela é inadequada e indesejável, a mantêm presa na confusão e na dúvida sobre si mesma [...] A fim de recuperar sua integridade, a codependente deve reconhecer seu esgotamento emocional e buscar assistência terapêutica (p. 75).

Independentemente de suas inseguranças, as mulheres codependentes tinham maior acessibilidade aos próprios pensamentos e sentimentos do que o homem narcisista nesses casos. Laura e Ava eram mais capazes de autorreflexão e autoexaminação com meu feedback como terapeuta. Elas poderiam empatizar com os próprios sentimentos e com os de outros. Ainda, a capacidade delas de regular os sentimentos e impulsos melhorou consideravelmente com o tratamento à medida que trabalhavam nas relações com seus maridos narcisistas. No entanto, os sentimentos de dor e baixa autoestima em torno de suas experiências muitas vezes retornam, trazendo ansiedade e estados de ânimo depressivos.

Fatores envolvidos na dinâmica codependente/narcisista

Isso nos leva às características comuns dos codependentes: culpa neurótica injustificada e supressão parcial da raiva justificada. Laura, por exemplo, ficou sobrecarregada com a culpa porque ela não poderia remediar a patologia de seu ente querido — embora *ele* tenha *a* magoado imensamente com a traição. Ela dava, muitas vezes, prioridade às necessidades dele à custa de si mesma.

Além disso, a esposa codependente com frequência suprime os sentimentos seletivos relacionados à autonomia pessoal e às próprias aspirações. Seus naturais desejos saudáveis de realização e de independência entram em conflito com os profundos sentimentos de insegurança e desejos de conexão e aprovação. Essas necessidades de dependência podem tornar difícil para a codependente reunir coragem de se aventurar além da zona de conforto e arriscar o cumprimento de seus objetivos e ambições. Esse foi o caso de Laura, que se dispersou, desorganizou-se e depois procrastinou quando tentava ir em busca das próprias aspirações.

Assim, Laura caiu em padrões de comportamento interpessoais que satisfaziam as necessidades do marido, em vez das próprias, minando ainda mais seu senso de self (PAYSON, 2017). Em outras palavras, ela estava predisposta a ser direcionada aos outros, respondendo às necessidades deles antes das dela mesma. Isso correspondeu à educação que teve, em que ela inibiu as próprias necessidades a fim de reconhecer os pais egocêntricos. Esse padrão continuou em sua vida de casada até ser amparada por minha terapia; ela, então, começou a buscar a satisfação de suas habilidades e projetar as próprias ambições. O divórcio foi, em última instância, a ação que a colocou em seu próprio caminho de funcionamento independente e de autocontrole.

Portanto, a criança com feridas neuróticas codependentes é seletivamente dada a suprimentos narcisistas, principalmente quando ela tem comportamentos direcionados de cuidado aos outros e começa a interiorizar que as necessidades dos outros têm prioridade sobre as dela. Esse é, muitas vezes, o começo da ferida emocional e de desenvolvimento que nos leva a eventuais problemas que vemos no indivíduo neurótico codependente (PAYSON, 2017, p. 67).

Esse é muito mais o caso de Laura do que de Ava, no entanto, que foi mais realizada como pediatra. Entretanto, mesmo Ava precisava aprender na psicoterapia até onde deveria se estender como médica com seus pacientes — para os quais ela era uma cuidadora a mais, não respeitando sua autonomia necessária e os próprios limites. (Ela dava o número de seu celular, enviava mensagens de texto desnecessariamente e, muitas vezes, fazia sua função como se ela fosse mais que uma amiga.)

A tendência narcisista de Wade de ficar obcecado com o que Ava estava fazendo, uma tendência a controlar a realidade para escorar seu self grandioso, combinava com a necessidade de codependência dela — mesmo que ela reclamasse que isso era muito intrusivo e avassalador. Essa dinâmica saia pela culatra frequentemente, quando ela sentia que as ações dele eram egocêntricas e não sintonizadas com suas necessidades. Ela bruscamente saía de casa enfurecida, sem dizer a ele onde iria se recolher e reencontrar seu equilíbrio.

Ava também precisava ganhar mais autorrespeito ao sentir prazer com seus passatempos. À medida que sua fabricação de joias se tornava lucrativa, ela foi desvalorizada pelo marido, bem como pelos filhos (em identificação com as desaprovações do pai às aspirações criativas de Ava).

Ava, ao contrário de Laura, tinha um autorreconhecimento mais saudável na busca de suas ambições. No entanto, ela permaneceu passiva e relutante no início, em relação às suas necessidades e direitos dentro de sua relação íntima. Ela chegou a isso mais tarde — com a ajuda de um tratamento. Nesse sentido, Ava agia melhor como uma mulher codependente do que as outras duas esposas apresentadas neste estudo.

Se o cônjuge da mulher também fizer tratamento, isso pode ajudá-la com o relacionamento. Portanto, quando Wade começou o tratamento individual comigo, ele começou a reconhecer a angústia da Ava e a ganhar alguma capacidade de autorreflexão. Ele foi capaz de se conectar mais com seus reais sentimentos. Depois de, inicialmente, haver demonstrado uma poderosa necessidade possessiva de dominá-la em cada movimento, escolha e pensamento, ele começou a reconhecer a natureza dos sentimentos dolorosos dela. Essa transformação foi devida às descrições dela de seu desenvolvimento para mim na terapia, que, depois, ela compartilhou com o marido. Ele então tomou consciência de sua profunda necessidade de se curar por dentro. Assim, quando ela se tornou mais aberta sobre seu passado, ele demonstrou compaixão (com meu apoio terapêutico), o que o tornou mais vulnerável. Ele começou a descobrir mais sobre Ava e a autenticidade dela — enraizada no valor incondicional do ser dela (PAYSON, 2017).

Rio não revelou muito sobre sua esposa sueca, uma jovem mulher chamada Eli, porque isso lhe tirava do seu foco egocêntrico. Mas, aparentemente, ela era uma imigrante de uma família pobre e tinha uma autoestima vacilante. Ela era muito concentrada em sua aparência, apesar da percepção de sua suposta beleza. Podemos assumir que a aparência e a presença interna dela não foram validadas enquanto ela crescia. Vir sozinha para os Estados Unidos a deixou sem apoio, pois não havia ninguém que confirmasse com firmeza seu mérito. Ela se via deficiente e, assim, se apegou a Rio a fim de sentir-se mais competente. Por Rio ser bem-sucedido e relativamente solidário à vida profissional de Eli, a dependência dela melhorou sua autoestima. Entretanto, ela devia ter sentido a ambivalência dele em relação às suas realizações. Ela tentava se vestir impecavelmente para satisfazer às necessidades de Rio por uma esposa troféu, mas foi incapaz de obter o reconhecimento, a atenção e a aprovação dele. Embora condicionais, os reconhecimentos que ele lhe dava eram preferíveis à dor de ser ignorada ou criticada, o que era humilhante para essa imigrante. Ela não tinha um senso de identidade sólido como as mulheres americanas que idealizou. Esse foco em sua aparência sugeria que, por alguma razão, ela se tornou cada vez mais preocupada com seu eu externo porque seu eu interno não estava fundamentado. Por exemplo, Rio também estava preocupado com o exterior, portanto, ele reforçava os desejos dela de realizar uma cirurgia plástica. Ele via esses desejos como necessidades que deviam ser atendidas porque "é como o mundo é". Portanto, a relação codependente/narcisista deles estava constantemente sendo reforçada pelo outro. Eles não entendiam o mérito de apenas *ser*.

No entanto, para Laura, Ava e a jovem Dale, o intenso conflito interno as impulsionava e as permitia um olhar mais profundo sobre si mesmas e suas vidas. Elas começaram a reconhecer e a reavaliar suas percepções distorcidas e descobrir o sentido mais saudável de si mesmas.

Quando Dale entrou na adolescência, o desenvolvimento saudável natural acionou a mudança de ser a filha parentificada. Com o apoio da mãe e de professores da escola, ela se distanciou do domínio narcisista do pai e tornou-se mais capaz de reconhecer suas necessidades de uma forma saudável. Por causa de seu amor por ela, o pai de Dale afrouxou o controle sobre o comportamento da filha e tornou-se capaz de apoiar o desenvolvimento saudável dela. Essa foi uma grande mudança para ele.

> Com o tempo, as defesas da codependente, inicialmente projetadas para proteger contra o abandono, levam ao autoabandono conforme as relações interpessoais minam sua vitalidade e resiliência emocional [...] Felizmente, pelos problemas da neurótica codependente serem egodistônicos [conflituais] e por ela ter a capacidade de autorreflexão e empatia, esse indivíduo é muito mais provável de se envolver e permanecer comprometido com o desafio terapêutico de reivindicar sua integridade (PAYSON, 2017, p. 78).

A mudança na mulher codependente

Vamos agora analisar as várias maneiras que uma mulher codependente pode ser feliz, se possível, em uma relação narcisista. Cada mulher precisa decidir por si mesma (com apoio profissional) o que ela espera ganhar de sua relação significativa. Cada mulher deste livro tinha um ponto de vista, dependendo de sua história, de suas ambições e de seus objetivos pessoais.

Recuperando o self

A recuperação da neurose codependente começa com o abandono das crenças de indignidade e inadequação. Isso requer aprender a estabelecer limites e dizer não àqueles que não apoiam o bem-estar da mulher ou da menina. Cada mulher e adolescente começa a tomar consciência dos desafios de um senso de self saudável mesmo com o suporte de uma testemunha compassiva de uma rede pessoal de apoio (a mãe de Dale e os professores) ou uma terapeuta (eu mesma) que escuta sem fazer julgamentos.

É importante para a mulher ou adolescente codependente não julgar a si mesma, sabotando sutilmente suas tentativas de reconhecimento, tomadas de decisão sólidas e o direito de responsabilizar os outros pelas suas ações a fim de preservar a própria dignidade e respeito *sem exceção*. Isso vem com a aceitação de que existem suficientes direitos e atenção positiva para cada pessoa em um relacionamento. É importante ter em mente a relação narcisista/codependente em que há uma troca assimétrica de suprimentos narcisistas, desvalorizando mensagens e violando limites. É essencial que as mulheres e adolescentes codependentes sejam cautelosas sobre o decair da autoestima *delas* ao mesmo tempo que reforçam o self grandioso do narcisista.

É muito fácil para as codependentes aceitarem o narcisista. Isso ocorre porque elas experimentam uma posição confusa e duvidosa, muitas vezes defensivamente justificada pelo codependente com o argumento "É preciso dois" para causar os problemas — quando na verdade os dois lados não estão de nenhuma maneira equivalentes. (Laura com frequência perguntava o que ela havia feito de errado para levar o marido a ter casos, dizendo que ela também não era perfeita. Mas ela percebeu que suas ações certamente não eram equivalentes às infidelidades dele.)

A contribuição do narcisista para o relacionamento perturbado precisa ser avaliada com precisão. Para as codependentes, as pistas para essa circunstância são sentimentos de ansiedade, confusão, desestabilização e desorientação. Quando se sente tal inquietação, é importante entender que algo está errado nos testes de realidade da codependente, em vez de continuar a se comportar como se tudo estivesse normal quando não está. Fazer isso pode, consequentemente, minar o senso de confiança da mulher.

Três das quatro codependentes deste livro começaram a seguir passos saudáveis ao se envolver em uma atividade expressiva que não tinha nada a ver com seu relacionamento com um homem narcisista.

Laura se tornou uma designer de colagens de sucesso. Sua autoexpressão com a criação de colagens era um talento bastante escondido que o marido desconsiderava — apesar de ela ser bastante adepta a isso. Usando esse meio, ela foi capaz de expressar seus conflitos. Eventualmente, por seu crédito e desenvolvimento, ela exibiu com sucesso seu trabalho artístico em galerias locais.

No caso de Ava, sua arte na confecção de joias não só a levou a elogios sobre seu trabalho, mas a ganhos monetários significativos. Um dinheiro substancial foi ganho por meio de sua arte, o que não só lhe deu confiança como joalheira, mas também como pessoa. Como ocorreu durante seu tempo na terapia, ela relacionou isso ao progresso rumo a uma vida saudável.

Dale também começou a reconhecer sua habilidade de escrita quando foi afirmada por seus professores e colegas. O apoio da mãe dela reforçou ainda mais sua capacidade de reconhecer seus talentos e suas ambições.

Assim, tanto as mulheres como a adolescente encontraram meios artísticos criativos para se expressar e, eventualmente, solidificar sua autoestima.

Quanto mais tempo a dinâmica codependente/narcisista se mantém, mais difícil pode ser mudá-la. Quando a codependente se sente esgotada, torna-se muito difícil para ela tomar decisões independentes e se tornar o centro da própria iniciativa. É fácil desestabilizar e desorientar uma pessoa codependente e levá-la à tendência vulnerável a autodúvida e sentimentos de incerteza dela. Isso é representado pela recusa dos narcisistas pela comunicação direta, que foi o caso de Clive e Laura ao longo dos anos em que ele foi infiel, enquanto ele se valia da natureza vulnerável e simpática dela. Isso também foi representado pelas crenças conflituosas dos pais de Wade e Dale sobre as realizações de Ava e Dale, que se somaram a suas dúvidas sobre si mesmas.

É essencial que a codependente se pergunte: "O que ele faz para me fazer sentir mais vulnerável?". Após responder isso, ela pode identificar os sinais para a sensibilidade que a façam sentir-se indefesa e insegura. Isso é imperativo para as codependentes que tentam reconhecer a si mesmas para saber quando estão sendo desviadas pelas interrupções ou distrações do narcisista, tomando tempo quando em dúvida.

É igualmente importante para as codependentes que estão tentando criar uma mudança na dinâmica com o indivíduo narcisista (marido ou pai) não reagir de forma impulsiva. Se sua asserção for desviada pelo narcisista com muita persistência, torna-se necessário interromper a conversa, controlar-se e não perder o foco.

Laura permitiu que Clive se retirasse para outra parte da casa quando ela se descontrolou sobre as próprias expressões de ideias. Ele ignorava as perguntas dela e ia para o que ele designou como quarto *dele*. Isso deu tempo a ela para refletir. Eventualmente, quando passou a respeitar mais as próprias necessidades de forma plena, ela percebeu que o divórcio era inevitável para que pudesse sustentar a própria identidade.

Como você deve se lembrar, Ava saía de casa quando Wade era persistente em falar muito e ela sentia que sua voz não era ouvida. Wade interrompia as tentativas dela de declarar seus sentimentos, o que despertava raiva nela, que ela controlava ao sair fisicamente de casa para reaver seu equilíbrio emocional. O que eventualmente a ajudou foi definir a mudança de comportamento dele que ela precisava a fim de evitar suas longas explicações digressivas que a impediam de falar. Isso funcionava mesmo quando ele era muito egocêntrico para compreender plenamente como a perturbava, porque ele realmente a amava e não queria que ela o abandonasse. Ela aprendeu a especificar de forma clara e sucinta a mudança de comportamento que queria dele, tal como "Quando vamos nos passeios, quero ter tempo para relaxar e ficar sozinha se necessário, enquanto você vai atrás de seus objetivos". Isso passou a funcionar de forma equitativa, e eles começaram a desfrutar de seus passeios juntos. Portanto, Ava especificou mudanças comportamentais particulares que não poderiam ser refutadas facilmente ou se tornar desfocadas por explanações persistentes da parte de Clive, deixando de lado as vontades dela. Na verdade, à medida que a autoestima de Ava melhorou, ela mudou a si mesma, o que resultou na mudança do marido.

Ganhar tempo sozinho para autorrefletir foi eficaz nas vidas de Laura, Ava e Dale porque "a reciprocidade e o intercâmbio autêntico representam os valores centrais que tanto inibem o narcisista" (PAYSON, 2017, p. 130).

Isso não significa que Laura, Ava ou Dale tenham tido mais responsabilidade pessoal por suas dinâmicas do que seus maridos ou seu pai, mas que elas tinham se capacitado para resistir às estratégias narcisistas dos homens.

Wade não teve outra escolha senão aceitar a linha de pensamento de Laura, porque ela decidiu divorciar-se dele. Clive teve que desistir (pelo menos de forma parcial) de sua crença de que Ava era a "louca". A mudança do pai de Dale aconteceu depois que ele leu, entendeu e começou a agir de acordo com as ideias delineadas na abordagem da Inteligência Parental colaborativa.

Deixe-me terminar este capítulo abordando a questão de uma falsa equivalência: a situação em que o narcisista requer a maior parte do "sustento" em um relacionamento, argumentando que tudo é igual. Em três dos quatro casos discutidos, as codependentes fizeram grandes mudanças em suas vidas ao confrontar essa questão. Wade, Clive e o pai de Dale precisavam assumir a responsabilidade por suas partes em seus problemas, mesmo que eles defendessem a crença de que não eram agentes causadores de desentendimentos. Faltava a eles a capacidade de reagir às relações com uma compreensão objetiva do impacto que tinham sobre suas esposas e a sensação de autoestima da filha. A última ferida sentida por Laura, Ava e Dale não ocorreu apenas devido aos ferimentos em si (como a falta de empatia), mas da falta de apoio para lidar autenticamente com os sentimentos sobre essas feridas (PAYSON, 2017). Esse se tornou meu papel como terapeuta e o papel da mãe de Dale como mãe mais ativa.

Itens de ação para esposas de homens narcisistas

1. Procure o apoio de um profissional de saúde mental que possa ajudar você a ver a autoimagem de forma realista.
2. Pergunte-se: "O que me tornou vulnerável a este homem narcisista?".
3. Esclareça seus objetivos e suas ambições.
4. Questione sua capacidade de sentir e ser independente na vida.
5. Torne-se mais introspectiva, reestruturando por conta própria e de forma realista suas forças e fraquezas.
6. Desafie-se a ter novos interesses e oportunidades de aprendizagem.
7. Reaja à necessidade de se sentir dependente de um homem grandioso.
8. Permita-se uma gama de sentimentos, incluindo raiva em relação ao homem narcisista em sua vida.
9. Desenvolva sua própria voz e expresse-a.
10. Torne-se o centro de sua iniciativa.
11. Esclareça seus valores e deixe-os ser sua bússola em uma direção.

CAPÍTULO DEZ

O narcisista pode mudar?

Primeiro, precisamos rever mais uma vez quem o narcisista é — mantendo em mente que, embora haja semelhanças, cada narcisista é diferente em sua capacidade de mudança.

Quando o mitológico Narciso se apaixonou, foi pela própria imagem — uma ilusão. A pessoa que tenta estabelecer o amor com um narcisista só pode fazê-lo se estiver disposta a reter os pontos de vista do próprio narcisista. Isso significa que a mulher reage às ideias do narcisista e repete a voz ou opinião dele. Quando ela não pode mais fazer isso, o narcisista fica vulnerável porque ele só conhece subconscientemente a autoimagem que construiu. Ele é obcecado por ilusões de poder, brilhantismo, beleza e amor ideal, mas sem querer (ou sendo incapaz) de reconhecer ou se identificar com os sentimentos ou as necessidades dos outros. O narcisista se sente superior aos outros e deseja controlar e dominar; ele deseja atenção e se ressente quando outros estão no centro das atenções. Sentindo-se especiais, os narcisistas querem se associar com outros que eles acreditam ser tão únicos e especiais quanto eles. Ao extremo, eles têm expectativas irrazoáveis dos outros — sem sentir gratidão. Eles se sentem no direito e ficam ressentidos quando outros têm o que eles querem. Alguns narcisistas acham que outras pessoas são invejosas. O cerne da questão é que eles, em sua maioria, enganam pessoas para acreditarem que eles são modelos encantadores e excepcionais da sociedade, mostrando apenas seu verdadeiro eu aos que mais se dedicam a eles. A fama ou riqueza recém-adquirida pode aumentar o narcisismo.

Mesmo que alguns narcisistas possam não se enfurecer publicamente e possam parecerem humildes e amáveis, eles podem ser muito impiedosos. Tanto os narcisistas abertos quanto os ocultos têm sentimentos de insegurança e procuram formas de obter reconhecimento e elogios. O narcisista aberto pode usar a intimidação, enquanto o oculto usará métodos mais passivos-agressivos. Pouca ou nenhuma culpa é sentida ao tirar ou colocar outros para conseguir o que querem. Quando os narcisistas dão é para conseguir algo em troca. Todos os homens deste livro — o jovem estudante universitário Carver, o advogado de danos pessoais Wade, o neurocirurgião Clive, o comerciante de *commodities* Rio e o pai neurocientista de Dale — tinham qualidades de sucesso e dominância e qualidades encobertas de vulnerabilidade e inferioridade que eles persistentemente procuravam compensar e o faziam de forma bastante brilhante.

Relembre que os traços narcisistas estão presentes em todos e são responsáveis por qualidades positivas, tais como autoestima, confiança, ambição, criatividade e bem-estar geral. É um amor-próprio saudável que permite a uma pessoa amar bem os outros. Os homens narcisistas aqui mencionados não podiam fazer isso. Eles pareciam empolgantes e agradáveis — valorizados por sua confiança, liderança e inovação —, mas quando suas características se tornavam excessivas, imaginadas e patológicas, as falhas em suas relações tornavam-se evidentes.

Para esses homens, suas carreiras, cônjuges, colegas de trabalho, filhos e até mesmo estranhos preenchiam seus suprimentos narcisistas até sentirem uma rejeição ou instabilidade no trabalho ou na vida cotidiana. Cada um desses homens estava muito consciente de sua imagem, querendo parecer normal, estável, influente e dominante. Na verdade, eles eram bem-sucedidos na maioria das vezes, o que induziu os outros a acreditar erroneamente que eram estáveis. Entretanto, sempre que o suprimento narcisista era negado, eles se sentiam desprezados e magoados. A raiva explícita ou encoberta era a reação deles à negação de seus suprimentos. Para todos esses homens (exceto Rio e Carver), a raiva era geralmente encoberta e passiva-agressiva. O advogado Wade excluía a esposa e usava o tratamento de silêncio e indiferença para esconder a fúria. O neurocirurgião Clive se preocupava infinitamente em casa, nunca relaxando, mas escondia a fúria na hiperatividade e confusão quando suas necessidades eram questionadas pela esposa. O pai de Dale usava o tratamento de silêncio na filha quando não sentia que ela respondia às suas necessidades. Em contrapartida, Rio revelou sua fúria quando não se sentiu compreendido ou reagiu da forma como ele havia prescrito na terapia. Seu único sucesso quando ele fez milhões não apagou sua vulnerabilidade porque ele não podia continuar a fazer uma fortuna maior ou se sentir satisfeito com amigos ou com a esposa. Carver expressou sua fúria aberta a seus pais e irmãos, sentindo que essa autoexpressão era seu dever.

    Nenhum desses homens ou o jovem Carver sentiu remorso consistente por aqueles que machucaram. Em última análise, o que importava era seu próprio ganho pessoal, apesar de quaisquer ilusões retratadas que mostravam o contrário. Então, como eles poderiam mudar?

    Todos os cinco homens mudaram, pelo menos em parte. Vamos dar uma olhada:

Carver

Adolescentes podem ser tipicamente egocêntricos, mas acabam saindo disso. Os adolescentes narcisistas e egocêntricos, porém, exibem os mesmos traços que o narcisista adulto — mas esses traços podem ser mal interpretados como uma etapa em seu desenvolvimento. Não foi assim para Carver, que admitia de forma aberta seus medos de ser diferente, sua autoaversão e seu profundo senso de inferioridade. Em casa, porém, ele era cruel, sádico e impiedosamente crítico com os irmãos, que ele invejava pela atenção da mãe. Essas ações, de modo temporário, o empoderavam, mas não conseguiam mascarar sua vulnerabilidade.

No meio da adolescência, Carver se via, de certa forma, como superior e mais talentoso, e ele era cheio de si. Tornava-se zangado, ressentido e até agressivo quando essa imagem de si mesmo era questionada socialmente. Ele não tinha empatia e acreditava que o mundo lhe devia tudo, mesmo alegando que era seu direito de nascimento receber os elogios que ele valorizava e fazer qualquer coisa de que gostasse — mesmo que fosse moral, emocional ou fisicamente danosa aos outros. Ele não conseguia se dar bem com a maioria de seus pares, os quais ele queria dominar; ele tinha dificuldade para estabelecer relações saudáveis. Debaixo de sua bravura havia uma tristeza prolongada, acompanhada de letargia periódica, irritabilidade, raiva, lágrimas, mudanças de humor e isolamento dos outros, tudo isso muitas vezes acompanhado de hábitos alimentares e de sono irregulares. Ele era propenso a episódios depressivos, surtos de raiva, ataques de pânico e ataques gerais de instabilidade.

Quando era um adolescente mais velho, a psicoterapia ajudou sensivelmente a estabilizar seu humor, a colocá-lo em um caminho acadêmico positivo e a se recuperar de forma mais rápida das rejeições sociais. Agora, quando as janelas se fechavam, ele procurava outros para abri-las. Ele ingressou em novos clubes com seus pares, assumindo papéis de liderança com responsabilidade. Suas notas ficaram excelentes e ele fez boas entrevistas para vários cargos no campus. Consequentemente, tornou-se menos provável que ele acreditasse que poderia seguir tirando vantagem de outros, embora ele manipulasse com persistência seus pais para lhe dar o que ele queria em termos de posses e passeios especiais. De particular importância em sua mudança foi quando ele começou a reconhecer que sua associação com colegas de alto status não aumentava seu valor como pessoa. Isso representava um real crescimento. Ele tinha uma longa jornada pela frente, mas começou a fazer as perguntas certas. Será que ele esperava demais? Poderia ter perspectivas diferentes? Deveria se sentir culpado pela maneira como ele tratava seus irmãos? Era egoísta? Que passos realistas ele precisava dar para satisfazer suas aspirações? Tais perguntas foram grandes mudanças em seu caminho para melhorar a saúde mental.

Laura e Wade

A vulnerabilidade pode ser vista em ações que traem sua existência. Por exemplo, desde o início, como uma jovem estudante, Laura dava atenção e fazia elogios a Wade, que parecia totalmente apaixonado por ela no primeiro momento e intermitentemente durante seu casamento. Com o tempo, ele começou a dizer que Laura o impedia de sua persistente necessidade de ir a concertos, peças de teatro, viagens e jantares caros, pois ela queria permanecer em casa. Ele a fez sentir-se rejeitada e envergonhada, mas ela não conseguia entender o que estava acontecendo; 35 anos se passaram sem que ela soubesse que Wade estava a traindo. Nas conversas diárias, ele acusava outros de serem mentirosos, narcisistas, misóginos e enganadores — projetando, de fato, as próprias características sobre aqueles que o rodeavam. Mas mesmo após décadas de casamento, quando ela soube da traição, ele a bombardeou com presentes, mensagens de texto, flores e ligações telefônicas. Ela queria apreciar esses esforços, mas se sentia cada vez mais fria em relação a ele, não sendo capaz de suportar o seu toque.

Ela não favorecia mais o jeito suave e encantador dele que a havia atraído no início. Ele lhe deu o tratamento de silêncio quando ela questionou seus motivos e suas ações, uma clássica tática passivo-agressiva. Era a maneira dele de colocá-la no lugar dela sem usar palavras, assumindo o controle. Mais tarde, ele a tratou como se nada tivesse acontecido, deixando-a confusa e perdida. Ela permaneceu assim até o início do tratamento, e então começou a conviver com um homem vulnerável e instável. Ele invejava as relações dela com as crianças e os amigos em comum. Ela agora observava as manobras dele publicamente como uma tentativa de buscar a adoração de outros que foram muitas vezes exemplares ou famosos em suas áreas de atuação. A vulnerabilidade dele tornou-se mais óbvia, e ela se solidarizou, mas de uma posição mais remota do que antes.

Como ele pediu desculpas pela traição e disse que se envergonhava, Wade esperava que as coisas voltassem ao normal. Ele pode ou não ter soado sincero ao mostrar remorso, mas o estranho era sua expectativa de que as coisas pudessem voltar ao modo de vida normal. Ela também tentou viver uma vida normal, mas, quando o fez, sentiu-se tal como o mentiroso que ele era. Isso a deixou desorientada, desorganizada e instável. Somente quando ela se confrontou e se examinou por temer o sucesso para si mesma, ela pôde ver um futuro mais claro para si — como uma mulher independente.

Na época, Laura pediu o divórcio porque viu que Wade era incapaz de oferecer o tipo de mudança substancial de que ela precisava. Como minha paciente, ela expressou a esperança de que Wade fizesse mudanças positivas que ela sabia que ele tinha que fazer, mas não podia mais tolerar permanecer no relacionamento. Embora Wade tenha entrado em terapia por um tempo, ele desistiu — mostrando ser um exemplo de narcisista que tem dificuldade em comunicar abertamente e aceitar os limites do ambiente terapêutico, onde ele não conseguia dominar e controlar a situação. Mais tarde, ele procurou outro terapeuta e permaneceu em tratamento. Após se reconciliar com as ações independentes de Laura — suas conquistas, como exibir sua produção de colagens; sua trajetória profissional; e por fim, sua opção pelo divórcio —, com sorte, Wade será capaz de questionar suas deficiências e confusões, pelo menos em seu relacionamento.

Ava e Clive

Ava aprendeu que a manipulação sutil nem sempre foi fácil de detectar, mas quando Clive dispensou a excelente carreira dela, o hobby rentável que ela tinha e a sanidade dela, ela sabia que estava enfrentando um narcisista difícil. Quando ela perdeu sua autoconfiança e assertividade e se sentiu insegura sobre si mesma, encontrando dificuldade para ter suas opiniões ouvidas, ela começou a se sentir maltratada. Ela se sentia triste, deprimida, ansiosa, inquieta e com dificuldade de desfrutar das coisas que ela gostava de fazer porque eram criticadas por ele. Suas necessidades foram tratadas como infundadas e seus sentimentos foram descartados. Ela foi vista como louca por esse homem de sucesso autoempoderado.

Entretanto, quando ela questionou os motivos e as ações dele, a vulnerabilidade dele veio à tona. Quando ela tomou medidas independentes para sair de casa por conta própria, ele se sentiu chocado e desprezado. Ele achou absolutamente inacreditável que ela o deixasse por um fim de semana, por exemplo, para explorar as próprias necessidades internas, desenvolver a autoestima e relaxar por conta própria. Ele teve dificuldade em entender o desejo dela de não seguir sempre suas necessidades exageradas e excessivas, como ir persistentemente a concertos, peças de teatro e museus aleatórios, e se viu considerando essa situação como injusta. Ele ficou ansioso e inquieto, não desfrutando mais todas as coisas que estava acostumado a fazer. Ava questionou sua paternidade, suas práticas médicas e sua verborragia excessiva na empresa, e, como resultado, ele estava fora de si com vulnerabilidades — tudo isso o levou a concordar comigo com a terapia conjugal. Entretanto, quando foi apontado que ele era muito dominante nas sessões em conjunto (Ava realmente saiu uma vez), ele acabou concordando em ir para a própria terapia separada comigo, na qual gradualmente começava a fazer algumas mudanças substanciais para melhorar.

O que era impressionante em Clive era a falta de consciência no seu entorno quando ele era tão inconfundivelmente desatento. Sua função de auto-observação não estava funcionando, deixando Ava com a sensação de que ela era inexistente para ele em certos momentos. As manifestações de Ava de agressão contra Clive foram reveladas em suas saídas quando ela estava furiosa. Ela se retirava tanto para proteger os outros de sua ira quanto como uma ação que expressava sua raiva com segurança. No entanto, ela ficava furiosa quando ele a esquecia, preocupando-se consigo mesmo ou rejeitando os sentimentos e pontos de vista dela.

Ele tinha o senso equivocado de dar, mas não receber amor e gratificação sexual em troca. Ele começou a perceber que isso não era verdade durante nossa terapia, fazendo-o despertar para sua situação em seu relacionamento fracassado. Ele teve que questionar sua gentileza e suas boas intenções e verificar se se aproveitava das necessidades de Ava. Ele tinha que enfrentar o fato de que não era um bom ouvinte. Embora tenha tentado convencer-se de que estava genuinamente interessado nas opiniões dela, ele era abertamente crítico da discordância dela com as necessidades de status dele, o envolvimento excessivo com os estudos acadêmicos dos filhos e, eventualmente, todo seu networking para garantir aos filhos algum sucesso no mercado de trabalho.

Somente quando os filhos reclamaram com a mãe que o pai não tinha limites e estava interferindo em suas vidas que Clive aceitou que suas ações eram inapropriadas — sem consciência real de suas motivações. Ele não sentia que estava errado; no entanto, aceitava o descontentamento deles como algo que ele tinha que lidar — com sua decepção. Ele sentia que, sem ele, os filhos não teriam sucesso. Havia algum mérito questionável por causa de sua negligência nos primeiros anos escolares dos filhos devido à autoabsorção na própria carreira. Ao se tornarem adolescentes, eles não desenvolveram independência acadêmica, então ele se intrometia nas tarefas escolares e universitárias deles, tentando ensinar-lhes como organizar as tarefas. Como expressão do narcisismo, ele acabou fazendo as lições no lugar dos filhos, pois não poderia e não toleraria o fracasso deles, visto que seria uma marca negativa contra ele.

Ele também tentou a triangulação com os filhos, colocando especialmente uma filha contra a esposa. Mas essa filha acabou por dar um fim a isso quando Clive perturbou sua vida profissional com tantos telefonemas e textos. Ele tentou transferir a culpa para a esposa para fazê-la sentir-se culpada, mas a filha estava além dessa manobra, então ele não podia mais incomodar a filha no trabalho. Ele permaneceu convencido de que não tinha feito nada de errado, mas mudou de comportamento para manter a lealdade de Ava no casamento. Isso funcionou. Quando eu ajudei Wade a ver que os limites estabelecidos pela esposa poderiam ajudar, o casamento deles melhorou. Ela estabeleceu novas regras para os comportamentos narcisistas dele (tais como incluí-la na tomada de decisões quando viajavam), e, enquanto não entendia, ele as seguia; preocupou-se com ela, e ela com o suprimento das necessidades narcisistas dele.

Enquanto ela se concentrava em reconstruir a autoestima, encontrando a própria e perseguindo seus interesses, Ava percebeu que seu valor como pessoa não dependia do marido narcisista. Já que ele queria um bom relacionamento com ela e os filhos, ela aprendeu a apelar para seu real egocentrismo, dizendo-lhe o que fazer para conseguir o que ela queria. Ela não tinha nenhum desejo de deixá-lo, querendo sustentar a estrutura de sua basicamente boa vida. Ela só foi fazer o que queria, independentemente da opinião dele, o que incluiu até mesmo o redesenho de sua casa para atender às necessidades dela para o futuro. Sua experiência a tornou mais sábia e mais forte, e, com o tempo, eles tiveram uma relação mais saudável em que ela poderia amar a si mesma.

Wade mudou seu comportamento (até certo ponto) porque ele amava a esposa e os filhos e viu os efeitos que suas ações tinham sobre eles, de acordo com a esposa. Ele aceitou o tempo obrigatório de Ava para si mesma, reconheceu a fabricação de joias dela, reconheceu a necessidade de os filhos serem mais independentes dele até certo ponto e evoluiu para se tornar um homem um pouco mais consciente. Ele tinha que aprender a ser capaz de ouvir os pontos de vista dos outros, se ele quisesse manter bons relacionamentos.

Rio

Rio teve a maior dificuldade para mudar na maioria dos aspectos porque ele era limitado em sua capacidade de ouvir outras perspectivas e pontos de vista sobre relacionamentos. Na terapia, ele queria principalmente que seu pensamento narcisista fosse imitado e compreendido. Ele resistiu com cuidado, considerando que a necessidade de mudar da relação monogâmica com Eli para relacionamentos imaginários e revigorantes com muitas mulheres poderiam leva-lo à solidão e à falta de satisfação. Eli fez poucas exigências a ele, de modo que ele dependia, em última instância, da própria moralidade para tomar decisões. Ele acabou percebendo que, como sua terapeuta, eu não poderia tomar uma decisão específica para que ele fizesse uma escolha para a vida dele no futuro. Ele tinha que ser o tomador da decisão — especialmente sobre um estilo de vida de ter frequentes relações sexuais com diferentes mulheres. A única mudança clara que Rio fez foi que ele agora questionava suas crenças outrora sólidas: que todos acreditavam na visão de mundo dele e que sempre tinha que haver uma vantagem para receber algo em troca, uma filosofia de exploração que, em sua mente, determinou todas as relações com os outros. Ele começou a perceber que relações poderiam trazer reciprocidade, oferecendo uma nova maneira de atrair suas escolhas para relacionamentos futuros.

Dale e seu pai

O pai de Dale mostrou a maior capacidade de mudança. Quando o desenvolvimento da filha adolescente a levou a querer separar-se da função de parentificação, ele foi capaz de ouvir os conselhos da esposa e se engajar em uma nova abordagem para a parentalidade. Esse foi, de fato, para seu crédito e sua resiliência como um pai narcisista. Seu amor pela esposa e filha teve precedência sobre sua grandiosidade e as necessidades de reconhecimento delas. O narcisismo patológico não estava tão entranhado como o dos outros homens; ele viu que as aspirações de Dale como escritora valiam a pena e aceitou os pontos de vista dela sobre o que escrever. Isso é proveniente da influência da esposa, os efeitos de ouvir os pontos de vista da filha e os resultados de discussões familiares colaborativas que foram modeladas em torno das ideias da Inteligência Parental.

Algumas reflexões sobre os efeitos do trauma no cérebro

Para concluir, a vulnerabilidade desses homens levou os cônjuges e filhos a tomarem consciência das próprias feridas de batalha invisíveis que tinham uma profunda percepção da qualidade de vidas, felicidade, segurança e confiança. Pensa-se que há efeitos de tal trauma no cérebro (ARABI, 2017). Arabi explica que a amígdala no cérebro (a parte que processa as emoções) torna-se hiperativa quando alguém é traumatizado, enquanto o córtex pré-frontal medial e o hipocampo (as partes que lidam com aprendizagem, memória e tomada de decisões) são atenuados em face do trauma. A autocondenação tóxica previne os feridos de se perdoarem e os fazem julgar a si mesmos, dificultando o caminho da cicatrização, o que não era o caso para as mulheres deste estudo.

É importante perceber os efeitos que esse trauma de relacionamento tem no cérebro a fim de entender melhor por que ele leva as codependentes dos narcisistas a demorar para entender a si mesmas e a maneira como o trauma as tem afetado. Muitos dos que sofrem por comportamentos narcisistas

> sentem-se em um "nevoeiro" de confusão, constantemente distraídos, incapazes de se concentrar e tomar decisões sem segundas intenções constantemente [...]. As partes do cérebro que lidam com planejamento, cognição, aprendizagem e tomada de decisões tornam-se desconectadas das partes emocionais de nosso cérebro — eles podem

deixar de falar uns com os outros quando um indivíduo se traumatiza. Apoio profissional, validação e recursos sob medida são necessários para que o sobrevivente possa iniciar o diálogo entre o trauma e o self (ARABI, 2017, p. 329).

Vimos como esses homens narcisistas eram mestres em jogos mentais e de manipulação encoberta. Os sobreviventes (codependentes) são, então, submetidos a uma batalha dentro das próprias mentes sobre se a realidade que vivenciam é realmente a exploração, porque o narcisista apresenta uma falsa imagem de grandeza para o mundo, que apoia a negação. Esse é um tipo de dissonância cognitiva que encoraja a culpa. Uma vez que os narcisistas têm seus parceiros controlados o suficiente, eles começam a desvalorizá-los e a maltratá-los (ARABI, 2017). "A autocondenação é, muitas vezes, um sintoma do trauma sofrido, mas pode evoluir para a autossuficiência e autocompaixão na jornada de cura" (p. 245) — como nós vimos quando a maioria das codependentes se recuperou.

Portanto, com uma extraordinária quantidade de introspecção e apoio, muitos narcisistas podem fazer algumas mudanças que afetam suas relações. No entanto, essa é uma tarefa terapêutica assustadora para a maioria, e uma perspectiva positiva para que o narcisista mude de forma significativa ao longo do tempo permanece em questão. Certamente, no entanto, ocorrem mudanças específicas que devem ser reconhecidas conforme esses homens lutam com o impacto de suas vidas no passado sobre suas situações atuais.

CAPÍTULO ONZE

Como o narcisismo e o amor normal são diferentes?

A crise de reaproximação acontece quando uma criança reage à perda de sua onipotência e do laço indivisível dos pais com ela. A resolução dessa crise tem grande significado para o desenvolvimento posterior — especialmente para a capacidade da criança de lidar com conflitos.

Ao considerar os exemplos de homens narcisistas, neste estudo, o leitor questionará a diferença entre uma relação narcisista e uma que poderia ser considerada normal. Neste capítulo, quero delinear aspectos de cada uma, como vistas por mim no cenário terapêutico e por uma série de outros psicanalistas talentosos que escreveram sobre amor normal e anormal.

A definição geral de narcisismo patológico é o investimento anormal em si mesmo (amor-próprio desordenado) que leva a uma desigualdade na relação amorosa primária. Embora os homens neste estudo tenham mostrado características óbvias de transtornos de personalidade narcisista dentro de suas famílias, eles também pareciam ter uma alta capacidade de funcionamento e sucesso no mundo afora. Apesar de suas falhas, eles proveram suas famílias e ofereceram um modelo de perseverança para o sucesso.

O self normal é organizado em torno de testes de realidade, em que o adulto pode manter uma função de auto-observação e relações razoáveis e cooperativas com os outros. A pessoa normal integra sentimentos de amor e ódio como um pré-requisito para a capacidade de amor normal (KERNBERG, 1984).

A autoestima é regulada por relações *internalizadas* com os outros, um superego integrado ou consciência, e a gratificação das necessidades de cada um dentro do contexto de relações estáveis e sistemas de valores. Os homens deste estudo não puderam cumprir essas capacidades de forma eficaz.

Vimos como o narcisismo, na visão de Kohut (1966), é afetado quando os cuidados da mãe são imperfeitos e atrasos traumáticos não podem ser evitados. O bebê tenta manter o desejo original de perfeição e onipotência, dando ao adulto absoluta perfeição e poder, um reflexo das necessidades próprias. Essa perfeição é projetada sobre os pais, criando uma relação íntima entre idealização e narcisismo. Na transição da fase de exploração para a crise de reaproximação (quando a criança normal reage à perda de sua onipotência), a criança persiste na fantasia de que o mundo gira ao seu redor. Ela protege essa ilusão ao evitar, negar e desvalorizar, separando as percepções da realidade que não se encaixam com essa autopercepção narcisista e grandiosa.

O self grandioso não é posto de acordo com a realidade durante a fase de aproximação. O resultado é

a representação do self grandioso é a de um ser superior, de elite, exibicionista, com uma afeição a sentir-se perfeito, especial e único [...]. Ao projetar este self grandioso, a pessoa exibe sua especialidade e espera refletir sua grandiosidade e perfeição única. Ao projetar o objeto onipotente [o outro], ele idealiza a perfeição do objeto que espera compartilhar; ou seja, ele compartilha e participa do "brilho narcisista" (MASTERSON, 1981, p. 15).

À medida que a criança amadurece, a representação do pai idealizado muda conforme ela é influenciada pelo mundo real. Ela experimenta perdas devido à decepção com as proibições e frustrações dos pais em relação às suas exigências. Para a criança saudável, há uma perda normal e gradual da imagem do pai idealizado e, com o tempo, a formação da consciência, ou superego, com seus padrões e ideais realistas que guiam a criança e, mais tarde, o adulto.

Se a criança não pode suportar as frustrações e decepções da vida cotidiana, ela se agarra às idealizações da infância, segundo Kohut (1966). Então, o self narcisista quer ser olhado e admirado para construir a autoestima.

Kernberg (1984) analisa o papel da agressão nos transtornos narcisistas. No extremo, a grandiosidade e a autoidealização do narcisista são fortalecidas pela vitória sobre o medo e a dor por meio da inflição do medo e da dor sobre os outros. Nesses casos, a autoestima é preservada pela expressão sádica da agressão (por exemplo, Carver com seus irmãos).

As oscilações de humor são indicadores de autoestima devido à regulação imatura da autoestima (por exemplo, os humores inflados de Carver e Wade quando admirados e aceitos por outros e os humores deflacionados quando não sentiram essa admiração e desejavam ser o centro das atenções).

Em outras personalidades narcisistas, o self grandioso não expressa diretamente a agressão (por exemplo, o neurocirurgião Clive, cuja agressão é vista na superatividade e na diminuição das habilidades da esposa). Finalmente, em outros casos em que ainda há alguma sublimação da agressão, o narcisista pode transformá-la em comportamento produtivo. Um exemplo importante deste estudo é Wade, que usou a agressão para se tornar um advogado de grande sucesso na área de danos pessoais.

Este é um caso em que a agressão foi integrada com o superego existente (até certo ponto).

Masterson (1981) descreve como diferentes teóricos psicanalíticos veem a agressão no narcisista. Kohut sente que a agressão excessiva não é inata, mas vem do trauma inicial. Os psicanalistas Klein e Kernberg a viam como um traço inato. Masterson acredita que, embora às vezes possa ser inata, ela vem mais frequentemente de traumas precoces (MASTERSON, 1981, p. 18).

No desenvolvimento precoce, uma função importante da mãe é a imitação. Durante essa atividade, a mãe repete os sons que o bebê faz e brinca de jogos faciais em que ela reproduz a expressão no rosto do bebê. Essa atividade dá à criança a sensação de estar "em sintonia" com a mãe. Tradicionalmente, essa etapa é seguida por uma em que o pai desempenha um papel maior, levando a criança para o "mundo" dos três aos seis anos de idade. Por consequência, se isso proceder conforme a normalidade, o homem adulto maduro não experimenta sentimentos contínuos de ficar narcisisticamente ferido quando não conseguir alcançar seus ideais; ao contrário, ele sente uma emoção semelhante à saudade (KOHUT, 1966). A ambição pode, então, ser combinada com objetivos realistas. Isso ocorre quando um homem pode ser motivado por suas ambições, mas não ser guiado por elas ou amá-las.

Pelo contrário, se o self narcisista foi insuficientemente modificado devido a ataques traumáticos à autoestima durante a infância, então, como adulto, o homem vacila entre uma superestimação irracional do eu e sentimentos de inferioridade e humilhação quando as ambições são perturbadas. Esse tem sido o caso dos homens narcisistas neste estudo, cujas frustrações graduais de crescimento não foram recebidas com o suporte de amor adequado, mas sim com rejeição e/ou excesso de indulgência. Em vez de o resultado ser uma confirmação prazerosa do "valor, beleza e amor-próprio, há uma vergonha dolorosa" (KOHUT, 1966, p. 441) que o homem tenta superar com sua escolha de entes queridos (as escolhas codependentes).

O papel da mãe é complexo. Segundo Masterson (1981), a mãe pode não ter empatia com o self grandioso da criança por razões que têm a ver com as inadequações *dela*, e não com as da criança. As razões podem ser narcisismo, depressão ou qualquer estado mental em que ela se encontre. Além disso, Masterson (1981) acredita que, de sua experiência clínica, a imitação ineficaz da mãe pode vir de um distanciamento emocional específico porque a criança específica frustra as próprias necessidades para transformá-la em um bebê que mantém o próprio equilíbrio. Masterson acredita que Kohut subestima a "recompensa da mãe por aqueles comportamentos regressivos que cumprem suas projeções, gratificando assim seu apego e aliviando sua ansiedade" (1981, p. 23).

Independentemente das inadequações particulares da mãe, que eu não tinha conhecimento em específico, com cada homem neste estudo, o grau em que a grandiosidade dele determinou sua personalidade dependia da integração com a realidade.

Se o senso inicial de poder e grandeza da criança madura não estivesse repleto de decepções traumáticas, ela poderia progredir no desenvolvimento. O ideal é que os ideais e objetivos realistas da criança que se torna um homem sejam a melhor proteção de sua personalidade contra a vulnerabilidade e a vergonha narcisista.

Ao contrário da culpa, a vergonha surge quando as pessoas são incapazes de viver à altura de seus ideais. A modificação de tais ideais com a realidade torna-se o objetivo do tratamento da personalidade narcisista, juntamente à obtenção da capacidade de empatia e amor recíproco maduro. Um bom exemplo é o reconhecimento de Carver de que não precisava estar em um clube com pessoas famosas para ele mesmo ter valor.

O objetivo da psicoterapia com o narcisista é desfazer a inveja desordenada dos outros e a idealização de quem eles esperam suprimentos narcisistas. Rio exemplificou a requintada necessidade de uma perfeita imitação ou idealização e demonstrou profunda decepção e raiva quando suas necessidades foram frustradas. Cada narcisista é diferente, mas suas relações com os outros são frequentemente exploradoras e parasitárias. Sob a superfície encantadora e envolvente, os narcisistas podem ser frios e impiedosos. Eles normalmente se sentem inquietos e entediados quando nenhuma nova fonte alimenta sua autoestima (por exemplo,

Clive e Wade). Por causa da grande necessidade de tributo e adorações de outros (por exemplo, Carver, Clive, Wade e o pai de Dale), eles são com frequência considerados excessivamente dependentes. Mas eles são, de fato, incapazes de depender de alguém devido a uma profunda desconfiança subjacente e desvalorização dos outros e um "estrago" inconsciente do que eles recebem relacionado a conflitos sobre inveja inconsciente (KERNBERG, 1984, p. 93).

Amor normal

O que é, então, o amor normal? Uma das principais características do estado de amor é quando a pessoa amada não está fisicamente presente, mas se sente emocionalmente disponível. Esse paradoxo consiste na capacidade de reproduzir a imagem da pessoa amada enquanto anseia por sua presença. Isso significa que a pessoa pode sentir solidão, mas não rejeição.

> O ser humano também é capaz de tomar a si mesmo como o próprio amor de uma forma saudável. Isto é, algum amor-próprio é essencial e desejável para uma autoestima saudável e para o narcisismo. Somente, como observado acima, quando há *negligência ou indulgência excessiva por parte do cuidador*, o apego a si mesmo como um objeto de amor impede a capacidade de amar o outro (Bergmann, 1987; grifo nosso).

Com maturidade, a pessoa normal pode transferir o amor das conexões incestuosas com os pais para novos adultos não incestuosos. É o que chamamos de "apaixonar-se". Isso requer a capacidade de lamentar o amor antigo enquanto encontra o novo amor.

Os homens neste estudo não eram plenamente capazes disso e, assim, procuraram um amor que os engrandecesse, em vez de uma verdadeira mutualidade. Ao mesmo tempo, é normal que consciente ou inconscientemente [...] peça que o parceiro no amor seja também o curador de nossas feridas anteriores [...]. Isso pode ser realizado em escala limitada e é uma fonte de desilusão para muitos amantes [...].

A dialética do amor pode ser entendida como uma tensão entre estes grupos de desejos, os primeiros operando na direção de reencontrar, de modo que o novo objeto de amor seja o mais semelhante possível às primeiras imagens dos pais, os outros se opondo a este processo e desejando encontrar uma pessoa que curará as feridas que os principais objetos [pais] infligiram na infância. Se for possível encontrar um bom equilíbrio entre estes desejos contraditórios, o amor feliz se torna possível. Entretanto, em outros momentos, o conflito permanece sem solução e várias formações de compromisso acontecem (BERGMANN, 1987, p. 264).

A incapacidade do amor de curar tudo o que deveria curar é uma das características infelizes com as quais todo adulto deve chegar a um acordo. O amor é especialmente encarregado de eliminar sentimentos de inveja, ciúme e rivalidade. De fato, o sentimento de que agora, quando se encontrou o amor, não é mais necessário ter inveja ou ciúmes de ninguém é um dos sentimentos mais emocionantes ligados ao amor (BERGMANN, 1987, p. 265).

Com o tratamento, o objetivo é a mudança do amor narcisista para o verdadeiro amor recíproco. O narcisista tem extraordinária dificuldade em amar porque sua inveja e seus desejos agressivos podem ser muito avassaladores. O amor maduro, por outro lado, ocorre quando a idealização se transforma em uma habilidade mais madura para assegurar um compartilhamento de ideais quando há uma fronteira clara em torno de si mesmo. É importante destacar que o amor-próprio saudável acompanha e cresce com o amor pelos outros (BERGMANN, 1987).

Em uma relação amorosa, os parceiros melhoram o bem-estar narcisista um do outro (BERGMANN, 1987, p. 265). *O narcisismo é o maior obstáculo ao amor*. Os que não podem experimentar a tensão entre o que são e o que desejam ser, que insistem em ser tratados como se já fossem o que imaginam ser, têm dificuldades para amar (BERGMANN, 1987, p. 269).

De acordo com Kohut (1971), um resultado importante da psicanálise ou psicoterapia do narcisista é o aumento da capacidade de amor ao outro, devido ao fortalecimento da autoexperiência, o que também corresponde a um aumento em suas buscas profissionais. "Quanto mais segura for a aceitação de uma pessoa, tanto mais certo o seu senso de quem ela é, e quanto mais seguro internalizar seu sistema de valores — mais autoconfiante e eficaz será sua capacidade de oferecer seu amor [...] sem medo indevido de rejeição e humilhação" (KOHUT, 1982, p. 298).

Os resultados para o homem adulto são que sua grandiosidade infantil é gradualmente unida a suas ambições. Então, ele sente o direito ao sucesso. Ele se adapta à realidade com atividades socialmente significativas e autoestima saudável. Também atinge em um grau razoável com "tolerância e compostura" algumas tendências persistentes à "autovalorização" e à "idealização infantil", juntamente a atributos socioculturais como "empatia, criatividade, humor e sabedoria" (KOHUT, 1971, p. 328).

O amor real exige a capacidade de reciprocidade nos relacionamentos. Isso cresce com o aumento da maturidade e da experiência nas relações passadas e presentes. Os leitores que já tiveram tais experiências são verdadeiramente afortunados e vivem felizes com seus outros significativos. Isto exige um trabalho emocional contínuo ao longo da vida.

CAPÍTULO DOZE

A cultura afeta o narcisismo?

As variadas construções de cultura afetam a forma como as pessoas veem a si mesmas. Quando perguntamos se a cultura afeta o narcisismo, não queremos dizer que ela seja a causa do transtorno de personalidade narcisista, mas que reforça as ideias das pessoas sobre o espectro narcisista. Cooper (1986) refere-se ao intenso foco da civilização ocidental contemporânea nas ambições privadas à perda da preocupação com as necessidades dos outros e à exigência de gratificação imediata, produzindo a cultura "eu primeiro". Precisamos olhar para como cada geração criou uma visão ampla dos valores detidos pela sociedade que afetam aqueles com TPN (ou que estão no espectro narcisista) e como esses valores afetam as práticas parentais que influenciam a educação das crianças. Discutirei cada questão separadamente a seguir.

Os valores e as crenças mantidos por gerações recentes e como eles afetam aqueles que estão no espectro narcisista

Jean Twenge em *Generation Me* (2014) descreve os cortes e rótulos de gerações comuns: Baby Boomers, aproximadamente 1943-1960; Geração X, aproximadamente 1961-1981; e Millennials, a quem ela chama de Geração Eu, 1982-1999. Sua pesquisa escrupulosa sobre amostras representativas nacionalmente é baseada no que os jovens dizem sobre si mesmos — não no que os mais velhos pensam sobre eles. As tendências que revisarei passam por várias regiões, grupos raciais e étnicos, classes sociais e entre homens e mulheres.

De acordo com Twenge (2014), no início dos anos 1960, as pessoas teriam dito que as coisas mais importantes eram ser honestas, trabalhadoras, industriais, leais e preocupadas com os outros. Cuidar dos outros é um problema quando se trata de visões narcisistas. Em vez disso, os jovens da Geração Eu são ensinados a colocar as próprias necessidades em primeiro lugar e se concentrar em sentir-se bem consigo mesmos, em vez de seguir regras sociais ou favorecer o grupo sobre as necessidades individuais.

Para seu livro *Souls in Transition and Lost in Transition* (2009), Christian Smith entrevistou jovens de 18 a 23 anos. Ele descobriu que a maior parte dos jovens americanos abraça o individualismo moral, o que significa que a moralidade (o que cada pessoa pensa que está certo ou errado) é uma escolha pessoal. Esses entrevistados fizeram declarações como "As pessoas não têm o dever de ajudar os outros, mas cabe a cada indivíduo". Smith concluiu que a maioria dos adultos emergentes parece desconhecer qualquer fonte particular de raciocínio moral e decidem por si mesmos o que é e o que não é moral e imoral. Há maior tolerância, mas com a condição de que cada um seja livre para decidir por si mesmo quais regras devem ser obedecidas. Ajudar os outros raramente é uma dessas regras. Essa mudança social certamente tem influência nas atitudes narcisistas que dispensam ou não compreendem a empatia — isto é, estar no lugar do outro.

Os pontos de vista morais foram aprofundados em um estudo de 2012 sobre estudantes do ensino médio relatados por Twenge (2014). Twenge descobriu que 57 por cento dos estudantes concordaram que, no mundo real, as pessoas de sucesso faziam tudo o que tinham que fazer para vencer, mesmo que outros considerassem isso como trapaça. A maioria acreditava que "os fins justificam os meios". Isso me fez lembrar de Rio, que acreditava que a manipulação e a exploração eram exatamente do jeito que as coisas eram. Isso também me fez refletir sobre Clive, que fazia o dever de casa dos filhos e não se considerava trapaceiro se isso melhorasse as notas deles (o que não ocorreu em longo prazo). E isso me fez pensar em Carver no início do tratamento, que tinha a própria visão do que fazia as pessoas terem sucesso: ele acreditava que fazer networking com ricos e famosos (em vez de assumir trabalhos árduos para se preparar para carreiras industriais) era o melhor caminho. Para cada um desses exemplos, havia uma mentalidade de sucesso a qualquer custo. Essa quebra dos meios para alcançar o que se define como sucesso chega até o topo, incluindo vastos escândalos empresariais, como os da WorldCom e da Enron e a crise hipotecária do final dos anos 2000. Isso demonstra, de acordo com Twenge, que quebrar regras e contar mentiras numa tentativa de ganhar mais dinheiro é "muito bom". Essa é a crueldade do narcisismo.

O senso de merecimento é outro problema dos narcisistas. A Geração Eu acredita que não precisa reconhecer a autoridade, mas tem o direito de fazer o que quiser. Carver, a princípio, cumpriria com frequência essa norma.

A tecnologia hoje desempenha um papel importante ao desconsiderar os sentimentos dos outros. Smartphones com mensagens de texto frequentes resultam em frases curtas e sem rodeios em que você não vê as reações do receptor e fica cego aos comentários empáticos. Além disso, o Facebook e outras redes sociais fazem com que seja fácil atacar as pessoas e se safar disso. Twenge diz: "A tecnologia nos tornou, de certa forma, mais maldosos — ou pelo menos nos deu um local anônimo para sermos assim" (p. 53).

Twenge também discute o termo "autoestima", que era muito predominante nos anos 1990: o amor-próprio era primordial. Uma multidão de americanos sentia que a vida deveria ser focada nas necessidades do eu. Historicamente, esse autofoco começou com os Boomers e depois aumentou exponencialmente na época em que a Geração Eu nasceu. Twenge relata que "como eram crianças pequenas, as pessoas da Geração Eu foram ensinadas a se colocar em primeiro lugar" (p. 63). Certamente, essa atitude reforça o narcisismo. Em 2013, a palavra do ano do *Oxford English Dictionary* era *selfie* — compartilhar fotos de si mesmo com o mundo — e em janeiro de 2014, as pessoas estavam competindo para colocar sua foto favorita de si mesmas nas Olimpíadas da Selfie.

As escolas se concentraram em projetar programas para promover a autoestima. Por exemplo, Twenge aponta um programa chamado *Autociência: O Assunto Sou Eu*. As escolas mencionaram a autoestima em suas declarações de missão — mesmo quando a ênfase nos testes nos anos 1990 cresceu. As crianças foram ensinadas que não só era aceitável, mas desejável preocupar-se e elogiar-se. Além disso, a inflação de notas estava aumentando, sem esclarecer as habilidades necessárias para obtê-las. As crianças se acostumaram desde o ensino fundamental até a faculdade a sempre obter notas mais altas do que elas poderiam ter realmente obtido, como se merecessem essas notas. A ideia era de que precisávamos fazer com que nossos filhos se sintam bem com eles mesmos em geral, sem especificar o motivo.

O problema com a ênfase na autoestima é que ela estava colocando a carroça à frente dos cavalos. A autoestima não levou à realização; o trabalho duro, a realização e o cuidado com os outros levaram a uma alta autoestima. Em seu livro *The Smartest Kids in the World* (2014), Amanda Ripley ecoa essa noção quando descreve as crianças mais bem-sucedidas internacionalmente como aquelas com vigor, persistência, tolerância à frustração e autodisciplina. O amor-próprio narcisista e a autoestima vazia não levam à felicidade ou à realização. Talento e trabalho duro — não um sistema de autoconfiança inflacionado — levam a sentimentos de sucesso.

A era da Geração Eu cresceu junto à tecnologia e às redes sociais. O narcisismo foi promovido pelo foco no número de seguidores no Twitter e no Facebook. Twenge cita um estudo que constatou que "os narcisistas, especialmente aqueles com altos sentimentos de superioridade ou exibicionismo, postam no Twitter e no Facebook mais vezes" do que outros (p. 104). Parece que esses sites geralmente promovem a conexão social sem a profundidade das relações reais que nutrem um profundo envolvimento com os outros ou oferecem ajuda aos outros. Isso não quer dizer que os blogs e as conexões feitas na internet não foram, mais tarde, desenvolvidos em relações realistas com os outros, mas que essa não foi a norma.

Valores e crenças em nossa cultura que afetam os homens narcisistas são, muitas vezes, tendenciosos em relação ao gênero, ensinando-nos que ser masculino é ser narcisista e violento. Esse é um tema que vale a pena investigar por si só; no entanto, ele precisa ser mencionado porque o narcisista diminui a mulher que é dominada por ele. Não estou sugerindo que narcisismo e comportamento violento sejam sinônimos, mas o sistema de crenças do homem narcisista pode ter sido afetado por outros homens em sua vida que lhe ensinaram que os homens são superiores às mulheres. Quando Wade e o pai estavam muito desligados da brutalidade da mãe (puxar o cabelo, bater, atitudes críticas explícitas) para com suas filhas, a dominação masculina foi reforçada. Quando Clive comentou "Talvez as mulheres que foram atacadas por homens no movimento #MeToo fizeram algo para encorajá-los", Laura sabia que ele era um misógino — mesmo que ele o negasse. Tais crenças tendenciosas de que os homens deveriam ser dominantes nas relações íntimas precisam ser abordadas ativamente em nossa sociedade; tais homens precisam aprender visões alternativas à educação que tiveram. A ênfase da sociedade não deveria estar apenas no que torna a mulher vulnerável ao homem narcisista, mas também no que faz o homem narcisista acreditar que ele tem o direito de dominar e intimidar meninas e mulheres. Muitas mulheres vítimas de violência doméstica, como relatado pela jornalista e professora Rachel Louise Snyder, dizem que namoraram homens narcisistas (SNYDER, 2019, p. 119). Snyder disse: "Vim para aprender que há uma alta incidência de narcisismo em perpetradores [violentos]" que sofrem de "masculinidade tóxica" (p. 10). Embora eu não faça correlações ou ligações entre narcisismo e violência nos homens, Snyder assume o desafio de apoiar homens com programas que tratam aqueles que "conhecem intimamente a luta de estar cercados pela violência e tentar se libertar do comportamento" (p. 133).

Snyder também observou que "o narcisismo clínico desses homens os impediu de ver realmente como seu comportamento impactou suas vítimas" (p. 133). David Adams, desenvolvedor do primeiro programa de intervenção de agressores — Emerge, um programa de controle e comportamento abusivo — é citado por Snyder em seu relatório:

> "O narcisismo filtra como eles veem tudo". [...] O narcisismo extremo está na raiz da compreensão dos agressores, e. embora possamos pensar nos narcisistas como desajustados conspícuos que não conseguem parar de falar de si mesmos, na verdade eles são frequentemente de alto funcionamento, carismáticos e profissionalmente bem-sucedidos. Os narcisistas estão "escondidos entre nós... e eles estão agrupados no topo". [...] Tais pessoas não são fáceis de identificar, em parte porque têm habilidades de pessoas de tamanho superior, e "vivemos em um mundo cada vez mais narcisista. Nós exaltamos o sucesso mais do que exaltamos qualquer coisa" (p. 156).

Snyder continua a incluir a citação de Adams em seu relatório, afirmando que Adams aponta para

> o tipo de "narcisista carismático que é cultuado por outros". Este é o tipo de agressor de colarinho branco que — por meio do dinheiro e das conexões — consegue escapar dos sistemas judiciário e policial. Um homem para quem o status e a reputação são tudo. [...] Eles são impossíveis de serem endeusados pela população em geral (p. 156).

[...] Se você tem essa visão de si mesmo e sofre um dano narcisista, vai atacar [...]. [Tais narcisistas] "vivem e morrem pela sua imagem". Quando essa imagem é comprometida, quando são descobertos mentindo ou quando um segredo que carregam é revelado [como desemprego ou falência], eles atacam e "impõem" a solução deles aos parceiros e filhos. A solução em casos extremos é o homicídio (p. 164).

[...] [Pelo contrário, também é relatado] como o abuso emocional [é visto como] sendo muito pior do que o abuso físico [...]. [Snyder diz que um] defensor da violência doméstica disse: "[Narcisistas] são muito charmosos, e a vítima se mostra muito negativa". Seu narcisismo, em outras palavras, nem mesmo permitia que ela cuidasse de si mesma (p. 157-158).

Le Droit du Seigneur (O Direito do Senhor)

Podemos perguntar: "Qual é a base para o papel do narcisismo em nossa sociedade" e "Existe um papel evolutivo do narcisismo?". Essas perguntas foram feitas por Carl Sagan e Ann Druyan em *Shadows of Forgotten Ancestors* (1992), quando eles inadvertidamente olharam para as bases da evolução do narcisismo por meio do estudo do comportamento dos animais. Eles especulam,

> agora suponha que você cresça em uma sociedade na qual tal comportamento [os homens dominantes preferem a cópula com as mulheres atraentes] seja o padrão da comunidade. [...] Seria surpreendente se esse poderoso símbolo de dominância e submissão fosse generalizado no vocabulário gestual e postural dos homens obcecados pelo status? (p. 213).

Falando de uma ampla gama de animais, eles comentam que a fêmea "pode cheirar o domínio" e que "há literalmente uma química entre eles, o odor do poder". Uma vez, o campeão de boxe de peso pesado

Mike Tyson explicou sua proposta de dispersão de praticamente todos os competidores em um concurso de beleza com "machos dominantes liberam eflúvio, o mesmo feromônio que as celebridades liberam". O ex-secretário de Estado americano Kissinger, não conhecido por sua beleza, explicou a atração de uma bela atriz por ele com estas palavras: "O poder é o maior afrodisíaco". O domínio e a testosterona parecem ser de importância central na compreensão do comportamento humano e dos sistemas sociais (p. 212, 238).

Assim, parece haver uma evolução em jogo; o narcisismo em nossa sociedade e a estrutura política de hoje remontam aos nossos ancestrais primordiais.

> Calmo e seguro, o macho alfa não se afasta de seu subordinado quase prostrado. [...] Em geral, ele se aproxima com uma oscilação, com as mãos nos quadris. É difícil não ver aqui os rudimentos da administração da justiça do governo. [...] O toque régio [...] em um mar de mãos estendidas parece familiar o suficiente para nós — o presidente, por exemplo, caminhando pelo corredor central da Câmara dos Deputados pouco antes do discurso do Estado da União, especialmente quando ele está cavalgando alto nas urnas. O futuro rei Eduardo VIII em sua turnê mundial, o senador Robert Kennedy em sua campanha presidencial e inúmeros líderes políticos voltaram para casa cobertos de hematomas pela força de seus entusiastas seguidores (p. 296).

Isso é parte de nossa cultura atual que Snyder corajosamente aborda hoje — exatamente como Sanger e Druyan especularam em 1992. Se o narcisismo está enraizado em nossa sociedade, os pais precisam estar cada vez mais presentes e conscientes de como suas ações podem desempenhar um papel nas atitudes narcisistas futuras de seus filhos.

Práticas de pais que enfatizam o amor-próprio

É saudável que os pais se preocupem com a autoestima de seus filhos, mas o que é impressionante é o aumento do impulso da autoestima como foco *primário* na família. Também é interessante que os pais muitas vezes dizem a seus filhos que eles são especiais sem indicar o motivo. Assim, as crianças adquirem um senso exagerado de si mesmas sem compreender os méritos específicos. Elas acabam não aprendendo o que fazer ou pensar e sentir a fim de elevar a autoestima por conta própria. Os livros e as revistas dos pais enfatizam a construção da autoestima. Mais uma vez, o que é impressionante não é essa boa característica de uma paternidade saudável; é que a ênfase não foi baseada em realizações e cuidados com os outros, levando a uma alta autoestima.

A autoestima parece ser um conceito construído pelos pais quando, na verdade, o que é pertinente e importante é a autorregulação dos filhos em relação à autoestima. A autoestima é a diferença entre os ideais da criança e o que é realista para si mesma. Se os ideais são muito altos em comparação com o que é realista, então, resulta a baixa autoestima; os ideais servem apenas para orientar. Isso está de acordo com a formulação do psicanalista Jacobson (1954) de que a autoestima é "expressiva da discrepância ou harmonia entre as autorrepresentações e os conceitos desejáveis do eu" (p. 123). Quando os pais apenas dizem aos filhos que eles são vencedores sem especificar o motivo, a criança não aprende como regular a autoestima por conta própria. As crianças são deixadas desamparadas, sem conseguir assimilar quem são no momento com a ideia que têm de si mesmas como vencedoras. A criança começa a se ver, em vez disso, apenas como uma vencedora *ou* uma perdedora, sem gradações de compreensão em vez da qualidade multifacetada da autoestima. Se ela se vê como uma perdedora sem esperança, pode desenvolver uma reação depressiva. A depressão está presente no amplo domínio dos distúrbios narcisistas; ela reflete a atitude de alguém em relação ao self que pode ser ambivalentemente amado e odiado.

De acordo com Cooper (1986), o narcisismo tem sido usado, com frequência, como sinônimo de autoestima ou como uma ampla referência a uma concentração de interesse psicológico sobre o self. Os pais que se concentram na autoestima podem não perceber a profundidade dessa ênfase e atenção. As necessidades de desenvolvimento e as forças culturais estão envolvidas. A raiva narcisista poderia ser evitada pelo simples reconhecimento das limitações de si mesmo como um ser separado e imperfeito em um mundo de pessoas imperfeitas. Os próprios pais podem estar tentando lidar com esse fenômeno existencial e podem se sentir impotentes em uma sociedade complexa.

Já em 1939, Horney descreve a perda do "self real" como algo que ocorre sob diferentes condições parentais, tais como pressão e intimidação dos pais, quando a criança sofre prejuízo da autossuficiência, autoconfiança e iniciativa. A autoinflação ou narcisismo é uma tentativa de lidar com essas tendências.

Então que há crianças criadas na era da Geração Eu, em que houve uma mudança da família centrada na autoridade benevolente. Essas crianças, que foram criadas, com demasiada frequência, com excesso de indulgência, foram enganadas a acreditar que deveriam ter e ser capazes de fazer o que quisessem ou sonhassem fazer — como se quisessem que assim fosse. Alguns adultos fizeram com que as coisas parecessem mais fáceis do que eram para que seus filhos crescessem com expectativas irreais, excesso de confiança e, finalmente, incapacidade de tolerar o fracasso e aprender com os erros. As crianças eram, com frequência, permitidas a fazer as próprias escolhas quando jovens, mesmo que não tivessem idade suficiente para tomar essas decisões, deixando-as exaustas e não detentoras de alta autoestima.

A seguir, apresento dois exemplos de tipos de paternidade que podem levar a uma criança narcisista. No primeiro caso, o pai investe com excessividade na criança e se entrega infinitamente a ela. Há uma verdadeira falta de limites. O segundo caso descreve o pai que interrompeu ou manteve de forma inconstante o interesse e a atenção no filho, fazendo com que este tivesse medo de que, quando estivesse fora da vista do pai, estivesse fora da mente dele também. Para o pai, neste segundo exemplo, a necessidade de autogratificação é percebida quando a criança é tratada como se fosse inexistente. Há uma retirada das exigências dos pais (FURMAN; FURMAN, 1998). Tanto o sobreinvestimento quanto o investimento intermitente podem resultar em narcisismo nas crianças. A distribuição narcisista varia em cada caso entre pai e filho. Uma quantidade razoável de contato seria melhor compreendida pelos pais que conhecem bem as necessidades específicas de sua criança, de modo que eles podem fornecer o que a criança aprende a esperar como uma quantidade rotineira de contato em que ela pode confiar regularmente.

Assim, a capacidade dos pais de manter um investimento narcisista de forma constante disponível para os filhos varia muito em um espectro. Por um lado, os pais estão excessivamente preocupados com os filhos, comum à era da Geração Eu; o investimento é insalubre e prejudicial ao desenvolvimento da criança. Na outra ponta do espectro estão os pais incapazes de entrar na fase de desenvolvimento da paternidade e investir nos filhos, causando privação extrema. São pessoas que se tornaram pais e lamentam perder o estilo de vida egocêntrico da Geração Eu. Entre esses extremos estão variações incomuns, como o pai antes mencionado com investimento intermitente na criança (que nunca está segura da disponibilidade do pai). Ser tratado temporariamente como inexistente para o pai cria uma grande lesão narcisista. Isso pode ou não estar relacionado à agressão do pai ou da mãe. Se esse tratamento for consciente para o pai, podemos atribuir a agressão à falta de resposta dele. Mas, se for inconsciente, então há uma certa falta de maturidade não necessariamente relacionada à agressão contra a criança. Em ambos os casos, a criança reage com baixa autoestima ("Eu não sou nada"), o que pode ser afastado pela superestimação narcisista da autoestima ou da raiva narcisista contra o pai desinteressado. Estes podem ser pais que têm uma autoestima muito baixa e que se concentram em suprir as próprias necessidades narcisistas quando estão desconectados dos filhos. As crianças e os pais (que também foram desligados emocionalmente de seus pais quando crianças) precisam corrigir como a capacidade de amar a si mesmos pode ser trabalhada, entendendo como foram amados. Furman e Furman (1998) colocam isso de forma clara quando afirmam:

Investimos nos outros, em coisas fora de nós mesmos, como investimos em nós mesmos e em como nossos pais investiram inicialmente em nós. Pode ser que seja a natureza desses investimentos que, em última análise, determina a função madura harmoniosa da personalidade (p. 45).

Como os casamentos são feitos com e sem filhos? Embora a economia possa desempenhar um papel, Twenge (2014) observa que as gerações mais jovens experimentam uma queda 42 por cento maior na satisfação conjugal após terem filhos do que as gerações anteriores. Isso parece provável devido ao afastamento radical do eu que a paternidade requer. Questiono esses dados porque não está claro se a satisfação conjugal vem após décadas de criação dos filhos ou logo após o impacto inicial que os bebês têm na vida familiar, o que é exaustivo e focado na criança. De fato, agora que a paternidade é mais uma escolha do que um dever, parece que há mais pais mais velhos que tiveram seus sucessos na carreira e querem ter famílias com filhos com muito cuidado e vontade.

Hoje, os pais parecem colocar mais pressão sobre os adolescentes para competir vigorosamente pelas melhores vagas universitárias que podem obter, ao mesmo tempo que, de forma irônica, culpam os professores com demasiada frequência pelas notas baixas de seus filhos supostamente especiais, com base em trabalho árduo insuficiente.

Os adolescentes da Geração Eu sentem uma grande pressão dos pais e das escolas para entrar em uma faculdade de prestígio e ter sucesso, o que inclui ser famoso e muito abastado. Isso pode ser responsável por um alto índice de esgotamento entre os jovens em idade universitária, que passaram os anos de ensino médio muito motivados e competitivos para serem melhores do que seus colegas acadêmica e atleticamente — apenas para descobrir que os índices de aceitação até mesmo de alunos com grandes realizações são frequentemente baixos. Os pais estão forçando os filhos muito mais do que antes, e as crianças estão pagando por isso com depressão, ansiedade e altos níveis de estresse. Se o amor-próprio é primário, essa pressão certamente diminui a autoestima. Além disso, os fatos são que as coisas estão mais difíceis na faculdade e no mundo do trabalho para a Geração Eu. Suas jovens expectativas estão se transformando em desilusões profundas; eles enfrentam dificuldades para conseguir empregos e residências que lhes permitirão as altas expectativas iniciais de serem ricos e famosos. Essas expectativas levam a sentimentos de perda de controle sobre o futuro. Ao enfrentarem a realidade, eles se sentem enganados pelas expectativas dos pais sobre sua especialidade e seu foco em si mesmos. A solidão e a depressão muitas vezes acabam ocorrendo.

Deixe-me concluir este estudo mais uma vez com as palavras de Martin Bergmann: "O narcisismo é o maior obstáculo ao amor. Aqueles que não podem experimentar a tensão entre o que são e o que desejam ser, que insistem em ser tratados como se já fossem o que imaginam ser, têm dificuldade em amar" (1987, p. 269).

Essas palavras convincentes de sabedoria exemplificam as necessidades dos indivíduos para reconhecer se as pessoas narcisistas estão em suas vidas; como lidar com elas, de modo a não diminuir a própria felicidade; e como buscar relacionamentos amorosos e bem-sucedidos ao longo das gerações. Neste estudo complexo, é excepcionalmente importante respeitar a necessidade de compaixão pelos homens narcisistas que sofreram quando crianças em seus anos de formação, pelas mulheres que vivem com eles e criam filhos com eles e pelos jovens que são pais deles. Como vimos, para aqueles que estão nessas circunstâncias, há uma esperança significativa fornecida pelo aprendizado sobre os aspectos multifacetados do tratamento psicoterapêutico considerável e sobre as características múltiplas, muitas vezes contraditórias, do narcisismo patológico. Esse conhecimento ajuda aqueles na sociedade em geral a se tornarem melhor informados e capazes de compreender esse intrigante e significativo transtorno que, muitas vezes, é escondido por aparências externas enganosas de sucesso e realização, bem como a invisível falta de bem-estar na vida de algumas famílias.

REFERÊNCIAS

ABLON, S. *Changeable: How Collaborative Problem Solving Changes Lives at Home, at School, and at Work.* Nova York: Penguin Random House. 2018.

ALEXANDER, T. Narcissism and the Experience of Crying. Brit. *J. Psychother.* v.20, n.1, p. 27-38. 2003.

AMERICAN Psychiatric Association. *Diagnostic and Statistical Manual of Mental Disorders.* 5. ed. Arlington, VA: American Psychiatric Association. 2014.

ARABI, S. *Power:* Surviving and Thriving after Narcissistic Abuse. Brooklyn, NY: Thought Catalog Books. 2017.

BAILEY-RUG, C. *Children and Narcissistic Personality Disorder:* A Guide for Parents. Middletown, DE: Lulu. 2015.

BAKER, D. L. *Narcissus and the Lover:* Mythic Recovery and Reinvention in Sceve's Delie. Stanford University: Anma Libri. 1986.

BAKER, M.; BAKER, H. S. Heinz Kohut's Self-Psychology: An Overview. *Am J Psychiatry.* v. 144, n. 1, p. 1-9. 1987.

BARR, C. T.; KERIG, P. K; STELLWAGEN, K. K.; BARRY, T. D. (eds.). *Narcissism and Machiavellianism in Youth:* Implications for the Development of Adaptive and Maladaptive Behavior. Washington, DC: American Psychological Association. 2011.

BERGMANN, M. *The Anatomy of Loving:* The Story of Man's Quest to Know What Love Is. Nova York: Columbia University Press. 1987.

BLANCK, G.; BLANCK R. *Ego Psychology:* Theory and Practice. Nova York: Columbia University Press. 1974.

BLEIBERG, E. Normal and pathological narcissism in adolescence. *Am. J. Psychother.* v. 48, n. 1, p. 30-51. 1994.

BROWN, N. W. *Children of the Self-Absorbed:* A Grown-Up's Guide to Getting Over a Narcissistic Parent. Oakland, CA: New Harbinger Publications, Inc. 2008.

CHOI, J.; *et al.* Preliminary Evidence for White Matter Tract Abnormalities in Young Adults Exposed to Parental Verbal Abuse. *Biological Psychiatry.* v. 65, n. 3, p. 227-234. 2009.

COOPER, A. M. Narcissism. *In*: *Essential Papers on Narcissism.* Nova York e Londres: Nova York University Press. 1986.

DEUTSCH, H. *Selected Problems of Adolescence with Special Emphasis on Group Formation.* Nova York: International Universities Press, Inc. p. 1-135. 1987.

ERIKSON, Erik H. *Childhood and Society.* Nova York: Norton. 1950.

FJELSTAD, M. n.d. 14 Signs You're Dealing with a Narcissist. *MindBodyGreen.com.* Disponível em: www.mindbodygreen.com/articles/14-signs-of-narcissism. Acesso em: 6 out. 2019.

FREUD, S. On Narcissism: An Introduction. *In*: *The Standard Edition of the Complete Psychological Works of Sigmund Freud*, vol. XIV. p. 73-104. 1914.

FREUD, S. Inhibitions, Symptoms and Anxiety. *In*: *The Standard Edition of the Psychological Works of Sigmund Freud*, vol. XX. p. 87-156. 1920.

FURMAN, R.; FURMAN, E. Intermittent Decathexis—A Type of Parental Dysfunction. *In: Narcissistic Disorders in Children and Adolescents:* Diagnosis and Treatment, P. Beren, ed. Northvale, Nova Jersey, Londres: Jason Aronson, Inc. 1998.

GRANT, D.; HARRARI, E. Empathy in Psychoanalytic Theory and Practice. *Psychoanl. Inquiry.* v. 14, p. 3-16. 2011.

HEALTHPREP.com. Signs of a Narcissist to Look Out For. 2016. Disponível em: https://healthprep.com/mental-health/narcissist-signs/. Acesso em: 6 out. 2019.

HOLLMAN, L. *Unlocking Parental Intelligence: Finding Meaning in Your Child's Behavior.* Sanger, CA: Familius. 2015.

HORNEY, K. *New Ways in Psychoanalysis.* Nova York: Norton. 1939.

JACOBSON, E. The Self and the Object World: Vicissitudes of Their Infantile Cathexes and Their Influence on Ideational Affective

Development. *Psychoanalytic Study of the Child* v. 9, p. 75-127. Nova York: International Universities Press. 1954.

JOHNSON, B. D.; BERDAHL, L. Childhood Roots of Narcissistic Personality Disorder. *PsychologyToday.com*. 29 jan. 2017. Disponível em: www.psychologytoday.com/us/blog/warning-signs-parents/201701/childhood-roots-narcissistic-personality-disorder. Acesso em: 6 out. 2019.

KERNBERG, O. *Severe Personality Disorders:* Psychotherapeutic Strategies. New Haven e Londres: Yale University Press. 1984.

KERNBERG, P. F.; WEINER, A.; BARDENSTEIN, K. *Personality Disorders in Children and Adolescents*. Nova York: Basic Books. 2000.

KITRON, D. Empathy: The Indispensable Ingredient in the Impossible Profession. *Psychoanal. Inquiry*. v. 31, n. 1, p. 17. 2011.

KOHUT, H. Forms and Transformations of Narcissism. *J of the Amer. Psychological Assn.* v. 14, p. 243-272. 1966.

KOHUT, H. The Psychoanalytic Treatment of Narcissistic Disorders — Outline of a Systematic Approach. *Psychoanal. St. Child* v. 23, n. 8, p. 86-87. 1968.

KOHUT, H. *The Analysis of the Self:* A Systematic Approach to the Psychoanalytic Treatment of Narcissistic Personality Disorders. Nova York: International Universities Press. 1971.

LOEWALD, H. W. On the Therapeutic Action of Psychoanalysis. *International Journal of Psycho-Analysis*. v. 41, p. 16-33. 1960.

MAHLER, M.; PINE F.; BERGMAN, A. *The Psychological Birth of the Infant*. Nova York: Basic Books. 1975.

MARTIN, J. A. M. Disorders of Human Communication 4. *In: Voice, Speech and Language in the Child:* Development and Disorder. Nova York: Springer-Verlag. 1964.

MASTERSON, J. *The Narcissistic and Borderline Disorders:* An Integrated Developmental Approach. Nova York: Brunner/Mazel, Publishers. 1981.

MUSLIN, H. Heinz Kohut: Beyond the Pleasure Principle, Contributions to Psychoanalysis. *In: Beyond Freud:* A Study of Modern

Psychoanalytic Theorists, Reppen, J., ed. Hillsdale, NJ: Lawrence Erlbaum Associates, Inc. p. 203-229. 1985.

ORNSTEIN, P. H.; KAY, J. Development of Psychoanalytic Self Psychology: a Historical-Conceptual Overview. *In*: TASMAN, A., GOLDFINGER, S. M.; KAUFMANN, C. A. (eds.). *Review of Psychiatry*. American Psychiatric Press, Inc. p. 303-322. 1990.

PAYSON, E. D. *Discovering the Healthy Self:* and Meaningful Resistance to Toxic Narcissism. Royal Oak, MI: Julian Day Publications. 2017.

PINE, F. The Era of Separation-Individuation. *Psychoanal. Inquiry.* v. 14, n.1, p. 4-24. 1994.

PRESSMAN, R.; DONALDSON-PRESSMAN, S. *The Narcissistic Family*. San Francisco, CA: Jossey-Bass. 1994.

PSYCHOLOGY Today. n.d. Narcissism. Disponível em: www.psychologytoday.com/us/basics/narcissism. Acesso em: 6 out. 2019.

RIPLEY, A. *The Smartest Kids in the World and How They Got That Way.* Nova York: Simon and Schuster. 2014.

ROSENBERG, R. *The Human Magnet Syndrome:* Why We Love People Who Hurt Us. Claire, WI: Pesi Publications. 2013.

ROTHSTEIN, A. The Theory of Narcissism: An Object-Relations Perspective *in* MORRISON, A. P. *Essential Papers on Narcissism*. Nova York: New York University. 1986.

SAGAN, C.; DRUYAN, A. *Shadows of Forgotten Ancestors*. Nova York: Ballantine Books. 1992.

SHAKESPEARE, W. *Updated Edition Folger Shakespeare Library:* Richard III. Editado por B. A. Mowat e P. Werstine. Nova York: Simon and Schuster. 1996.

SISKIND, D. Max and His Diaper: An Example of the Interplay of Arrests in Psychosexual Development and the Separation-Individuation Process. *Psychoanal. Inq.* v. 14, n. 1, p. 58-82. 1994.

SMITH, C. *Souls in Transition and Lost in Transition*. Nova York: Oxford University Press. 2009.

SNYDER, R. L. *No Visible Bruises:* What We Don't Know about Domestic Violence Can Kill Us. Nova York: Bloomsbury Publishing. 2019.

STERN, D. *The Interpersonal World of the Infant:* A View from Psychoanalysis and Developmental Psychology. Nova York: Basic Books. 1985.

TEICHER, M. Sticks, Stones, and Hurtful Words: Relative Effects of Various Forms of Childhood Maltreatment. *American Journal of Psychiatry.* v. 163, n. 6, p. 993. 2006.

TWENGE, J. *Generation Me:* Why Today's Young Americans Are More Confident, Assertive, Entitled — and More Miserable than Ever Before. Nova York: Atria. 2014.

TWENGE, J. *iGen*: Why Today's Super-Connected Kids Are Growing Up Less Rebellious, More Tolerant, Less Happy — and Completely Unprepared for Adulthood and What That Means for the Rest of Us. Nova York: Simon and Schuster. 2017.

WEBSDALE, N. *Familicidal Hearts:* The Emotional Styles of 211 Killers. Nova York: Oxford University Press. 2010.

WHITE, M. T. Self Relations, Object Relations, and Pathological Narcissism in MORRISON, A. *Essential Papers on Narcissism.* Nova York: New York University. 1986.

AGRADECIMENTOS

Antes de mais nada, agradeço a meu marido, Jeff, por seu tremendo apoio para a evolução deste livro. Ele o leu palavra por palavra, editando e discutindo os muitos aspectos multifacetados deste complexo assunto, o narcisismo. Para escrever sobre um tema tão complicado e sensível são necessários um feedback cuidadoso e uma revisão frequente, que Jeff fez de forma hábil e voluntária. Seus talentos como leitor e escritor cuidadoso me deram um suporte infinito, ao lado de seu amor e carinho por mim como sua esposa autora.

Também sou grata à minha família amorosa — incluindo meus filhos, David e Rich, e suas dedicadas esposas, Claire e Shelley — por encorajarem minha escrita à medida que ela progredia. Escrever é uma tarefa empolgante que requer uma grande quantidade de pesquisa e concentração que meus filhos adultos apreciam, para minha grande satisfação. Até mesmo seus filhos, meus netos, reconhecem sua avó como autora e incutem sua confiança em meu trabalho, que, espera-se, constitui um exemplo a ser seguido por eles enquanto trabalhadores e jovens criativos.

Um grande agradecimento vai para a equipe da Familius, que se manteve envolvida com a produção deste livro durante todo o seu desenvolvimento. Eu mesma aprecio muito que Kaylee Mason tenha sido minha meticulosa e talentosa editora. Seu ávido interesse em meu estilo de escrever, bem como no conteúdo, certamente contribuiu para o desenvolvimento das minhas ideias, trazendo este livro à luz. Agradeço também ao editor-chefe da Familius, Brooke Jorden, por sua excelente contribuição e considerável participação na publicação deste livro. Sou grata, ainda, a Carlos Guerrero, por sua especialidade em design de capas de livros, e a Kate Farrell por suas contínuas ideias de marketing e esforços. Devo também incluir minha gratidão ao editor da Familius,

Christopher Robbins, que trabalha de forma tão eficaz com sua equipe — incluindo a mim como autora deste livro. Sua acessibilidade constitui um exemplo para sua equipe que é muito apreciado.

Esse intrigante foco no narcisismo não poderia ter sido elaborado sem a longa jornada em minha carreira psicanalítica e dos muitos profissionais (que são numerosos demais para nomear) que influenciaram minhas ideias e interesses neste assunto significativo. Obrigada a todos por suas contribuições ao meu aprendizado e à prática clínica.